Für den Fotografen **Frank Heuer** war es der erste längere Aufenthalt in Istrien. Bei seiner Arbeit hat er zwar den schlechtesten Sommer seit Menschengedenken erwischt – doch das merkt man seinen stimmungsvollen Bildern in keiner Weise an.

Das Autorenteam und Ehepaar **Daniela Schetar** und **Friedrich Köthe** ist regelmäßig auf der istrischen Halbinsel unterwegs. Für die aus Slowenien stammende Autorin Daniela Schetar war der Auftrag zu diesem Bildatlas fast ein Heimspiel.

Liebe Leserinnen, liebe Leser!

Die Piste, die von Premantura aus zu Istriens Südspitze, dem Kap Kamenjak, führt, ist extrem holprig. Dennoch ist selbst im September an einem schönen Sonnentag eine ganze Karawane von Fahrzeugen in dem Naturschutzgebiet unterwegs – und ich frage mich, wie es hier wohl im Juli oder August aussehen mag. Aber egal, jetzt im September haben wir, nachdem das Auto abgestellt ist und wir ein kurzes Stück zu Fuß gegangen sind, die herrliche Küstenlandschaft fast für uns allein.

Blaue Küste, grünes Hinterland

Das ist es, was ich an Istrien so mag, zwar gibt es natürlich verbaute Küstenzonen, doch vielerorts auch herrliche und zumindest außerhalb der Hauptsaison einsame Buchten und Strände, das zuvor erwähnte Naturschutzgebiet am Kap Kamenjak dürfen Sie sich keinesfalls entgehen lassen (s. S. 74 f.). Überhaupt ist es schwierig zu entscheiden, was denn schöner ist, die blaue Küste mit den Zentren Poreč und Rovinj oder das extrem grüne Hinterland. Hier gibt es ganz viel Natur, Olivenbaumhaine und mit Reben bepflanzte Flächen, auf den schmalen Landsträßchen kommt nur selten ein Auto entgegen. Auf vielen Bergkuppen wachen hübsche Dörfer, die mit ihrer Bebauung noch an vergangene Zeiten erinnern. Zu den schönsten gehören Grožnjan, Motovun oder auch Bale. Manche sind vom Tourismus noch kaum entdeckt, dennoch lohnt ein Gang durch romantische Gassen, begeben Sie sich beispielsweise in Gračišće, 7 km östlich von Pazin, auf Entdeckungsreise.

Übernachten auf dem Land

Und da das Hinterland so wunderschön und die Küste meist nur wenige Kilometer entfernt ist, wählen Sie am besten gleich ein Feriendomizil auf dem Land. In den letzten Jahren sind viele alte Steinhäuser zu komfortablen und ganz individuellen Ferienhäusern ausgebaut worden. Die meisten haben einen sorgsam gepflegten Garten mit Pool, so dass auch kleinere Feriengäste auf ihre Kosten kommen. Und speisen kann man ohnehin vorzüglich im Hinterland. Konoba heißt das Zauberwort, das sind meist in Familienbesitz befindliche Gasthäuser, die fast immer eine gute Küche mit Zutaten aus dem heimischen Garten bieten. Eine dieser exzellenten Konobas stellen wir Ihnen auf S. 64 ausführlich vor.
Herzlich Ihre

Birgit Borowski
Programmleiterin DuMont Bildatlas

56 – 75
ANTIKE ANTE PORTAS

Das Amphitheater in Pula ist das imposanteste Zeugnis römischen Herrschaftsanspruches über die istrische Halbinsel.

92–111
VON INSEL ZU INSEL

Inselhopping in der Kvarner Bucht ist ein besonderes Erlebnis, das zu malerischen Landschaften und hübschen Küstenorten führt – wie hier Mali Lošinj.

DuMont Aktiv

DuMont Thema

70 – 71
MULTIKULTI

Jenseits vordergründiger Gegensätze entwickelt sich in Istrien eine multikulturelle Gesellschaft – gelebte Tradition(en) inklusive.

DuMont Thema

48 – 51
EDLE KNOLLEN

Unter Istriens Wäldern wächst ein Schatz: Jährlich erschnüffeln Trüffelhunde hier zwischen September und November mehrere Tonnen Weiße und Schwarze Trüffel.

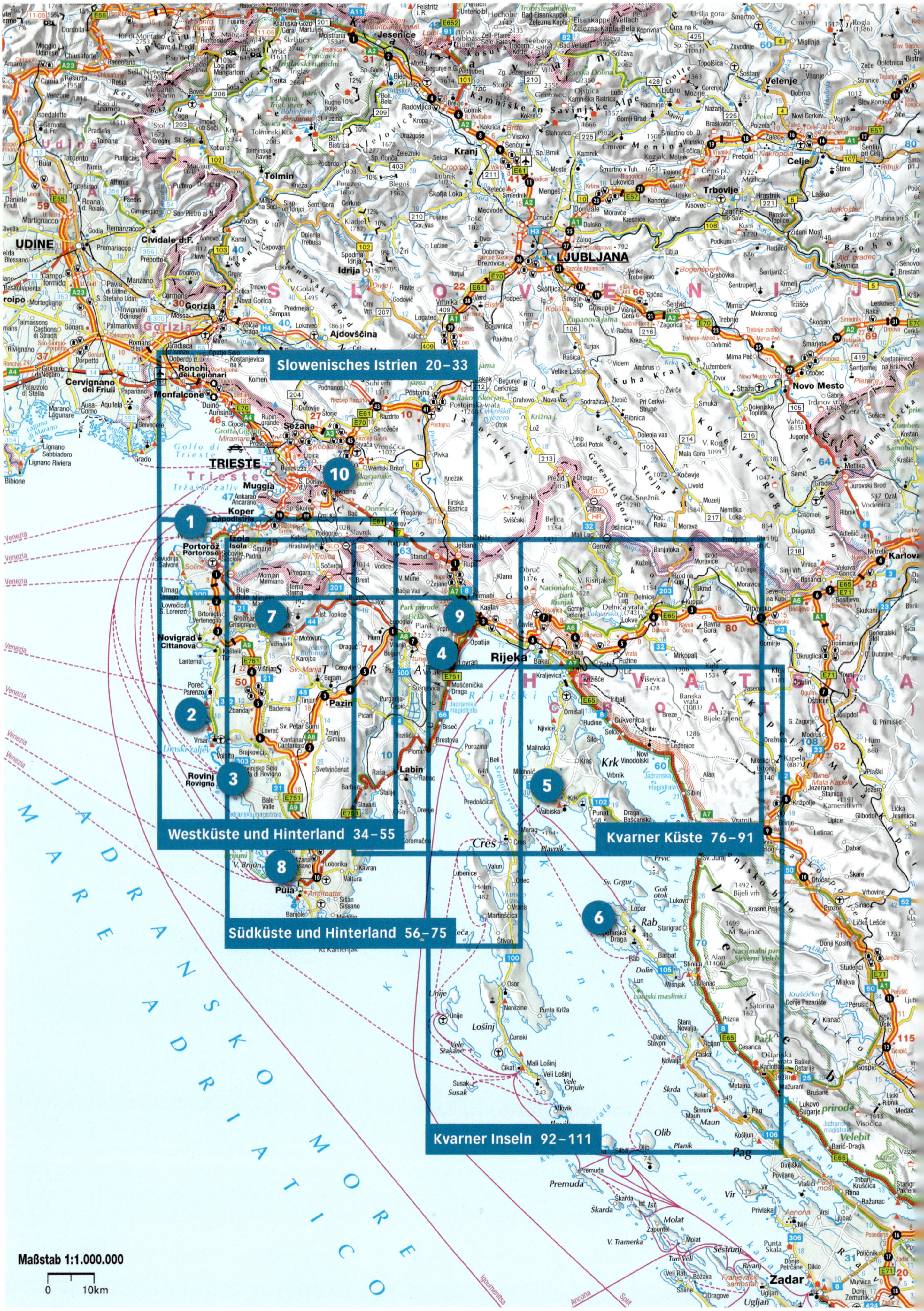

Slowenisches Istrien 20–33
Westküste und Hinterland 34–55
Südküste und Hinterland 56–75
Kvarner Küste 76–91
Kvarner Inseln 92–111
1
2
3
4
5
6
7
8
9
10
JADRANSKO MORE
MARE ADRIATICO
TRIESTE
LJUBLJANA
UDINE
Rijeka
Zadar
Maßstab 1:1.000.000
0
10km

Topziele

Die bedeutendsten Sehenswürdigkeiten Istriens und der Kvarner Bucht, die Sie keinesfalls versäumen dürfen, haben wir auf dieser Seite für Sie zusammengestellt. Auf den Infoseiten ist das jeweilige Highlight als ▶TOPZIEL *gekennzeichnet.*

KULTUR

1 *Piran*
Das romantische Städtchen auf seiner schmalen Landzunge verbindet historische Architektur und jungen Lifestyle.
Seite 32

2 *Poreč*
Traumhafte Badebuchten säumen den beliebten Ferienort, dessen Basilika Besucher mit den Anfängen des Christentums konfrontiert.
Seite 53

3 *Rovinj*
Venezianische Architektur, Künstlerflair und eine Heilige als Wetterprophetin.
Seite 54

4 *Lovran*
Üppige Parks und vornehme Villen lassen die goldene Ära des beliebten k.u.k.-Seebads wieder lebendig werden.
Seite 89

5 *Krk-Stadt*
Auf den Spuren des ältesten kroatischen Fürstengeschlechts und seiner faszinierenden Festungs- und Kirchenbauten.
Seite 109

6 *Rab-Stadt*
Rabs Inselhauptstadt lockt mit einem romantischen Kirchturm-Panorama.
Seite 110

ERLEBEN

7 *Grožnjan*
Kunst und Musik erfüllen die mittelalterlichen Gassen des Bergstädtchens mit Leben.
Seite 54

8 *Brijuni-Inseln*
Zuerst entdecken Sie Veli Brijuns Natur- und Kulturschätze mit dem Fahrrad, danach genießen Sie einen entspannten Abend im hübschen Fažana.
Seite 73

9 *Opatija*
Auch ohne Gehrock und Krinoline fühlen sich Spaziergänger auf der Franz-Joseph-Promenade im nostalgischen Seebad Opatija zurückversetzt in Kaisers Zeiten.
Seite 89

NATUR

10 *Höhlen von Škocjan*
Das Höhlensystem begeistert mit seiner dramatischen Natur und mit die Fantasie anregenden Tropfsteinskulpturen.
Seite 31

INSEL KRK, KIESSTRAND BEI STARA BAŠKA (KVARNER INSELN)

Wo Urlaubsträume wahr werden: Die reich gegliederte Küste im Süden der Insel wird vor allem von Booten angesteuert, denn hier kann man in manchen Buchten noch wunderbar ein- bzw. zweisam im kristallklaren Nass baden. Nach einem Tag am Meer, sonnentrunken und voller Lebenslust, bietet sich dann ein Bummel durch die Gassen der malerischen Altstadt von Baška an, dem südlichsten Ort der Insel.

AN DER UFERPROMENADE VON PIRAN (SLOWENISCHES ISTRIEN)

„Perle der Adria" wird Piran auch genannt. Der historische Kern des wohl schönsten Städtchens an der slowenischen Riviera liegt auf einer spitz zulaufenden Landzunge und erfreut den Flaneur mit einer Reihe recht gut erhaltener venezianisch-istrischer Bauten. Beim abendlichen Bummel am Lungomare möchte man immer wieder auf einem der Felsen Platz nehmen, um das Farbenspiel der im Meer versinkenden Sonne zu genießen, ehe man später in einem der Restaurants einkehrt.

BLICK ÜBER DAS MIRNA-TAL AUF MOTOVUN (WESTKÜSTE UND HINTERLAND)

„Dass der Himmel heut' so hoch steht", sang einst der Liedermacher Konstantin Wecker, „kann doch wirklich kein Versehen sein." Und wer sich diese an die Ideallandschaften der Renaissancemaler erinnernde Aufnahme des sich über dem Mirna-Tal erhebenden Bergstädtchens Motovun ansieht, möchte tatsächlich an so etwas wie eine glückliche Schöpfung glauben.

FISCHMARKT IN MALI LOŠINJ (KVARNER INSELN)

Alles Fisch, alles frisch: Die Marktfrauen in der direkt am Hafen von Mali Lošinj, dem urbanen Zentrum der Insel Lošinj, errichteten Halle haben gut lachen – Einheimische wie Touristen wissen ihr Angebot gleichermaßen zu schätzen.

AUF DEM FREIHEITSPLATZ (TRG SLOBODE) IN RAB-STADT (KVARNER INSELN)

Noch immer folgt das Straßenmuster des historischen Kerns von Rab-Stadt, dem Hauptort der gleichnamigen Insel, dem römischen Vorbild dreier paralleler Längs- und einer Reihe lotrechter Querstraßen mit Treppenaufgängen. An der Kreuzung der querliegenden Hauptstraße (cardo maximus) und der Straße Gornja ulica (Obere Straße) befindet sich schon seit der Antike ein Platz, auf dem im 16. Jh. die St.-Justina-Kirche (Sv. Justina) errichtet und im Jahr 1921 eine Steineiche gepflanzt wurde als Symbol der Befreiung von der italienischen Besatzung. Vom Platz führt eine Treppe hinab zum Strand.

ALTSTADTENSEMBLE VON ROVINJ (WESTKÜSTE UND HINTERLAND)

Zu den schönsten Ansichten Istriens gehört das scheinbar auf dem Meer schwimmende mittelalterlich-venezianische Bilderbuchensemble der Altstadt von Rovinj. Poetisch veranlagte Naturen fühlen sich dabei an ein Wasserschloss erinnert, das sich beim näheren Hinsehen aus den bunten Fassaden schmaler hoher Häuser zusammensetzt, die bis an die Uferkante reichen und hinter denen sich schmale Gassen hinauf zur Basilika Svete Eufemije mit ihrem alles überragenden Campanile winden.

Mediterrane Welt en miniature

Mit drei venezianischen Puppenstubenstädtchen, einem atemberaubend kühnen Höhlensystem, fröhlich-makabren mittelalterlichen Kirchenfresken und der berühmtesten Pferdezucht der Welt vereint der slowenische Teil der Halbinsel Istrien eine geballte Dosis an Attraktionen entlang seiner nur 46 Kilometer kurzen Küstenlinie.

Blick auf den Hafen von Izola

In dem roten Eckhaus mit seinen spätgotischen Fenstern und dem zierlichen Eckbalkon am Tartini-Platz in Piran soll ein reicher Kaufmann seine venezianische Geliebte ausgehalten haben.

Blick vom Kirchturm auf den Tartini-Platz in Piran mit dem Denkmal von Giuseppe Tartini (1692–1770): Der Sohn des Salinendirektors sollte eigentlich Pfarrer werden, machte sich aber dann als Geigenvirtuose und Komponist (etwa der Teufelstrillersonate) einen Namen.

Am Hafen von Piran: Wohin des Wegs?

Ein kluger Kopf hat einmal errechnet, dass Slowenien doppelt so groß wäre, zählte man seine Höhlensysteme dazu. Von den Kroaten werden die Slowenen gerne als Preußen des Balkans bezeichnet, weil sie so pedantisch auf Ordnung achten. Edi Polh, der durch das von der UNESCO zum Welterbe erklärte Höhlensystem von Škocjan begleitet, macht diesem Klischee alle Ehre: Während er vom Kassenbereich zum Einstieg in die kaum bekannte Mohorčic-Höhle vorangeht, sammelt er akribisch selbst winzigste Papierfitzel auf, die weniger umweltbewusste Besucher zwischen duftendem Rosmarin, gelben Aurikeln und wuchernden Hirschzungenfarnen haben fallen lassen. Buchen und Kastanien beschatten den Weg, der sich entlang des Abbruchhangs in die Höhlentiefe hinunterwindet. Wir steigen durch einen eingestürzten Trichter ab, ein typisches Karstphänomen. Das Wasser, das Mensch und Natur oben fehlt, gräbt sich so lange durch das poröse Kalkgestein, bis die Decke einer so entstehenden Höhle einbricht. *Vrtača* nennen das die Slowenen, wenn der Trichter klein und steil ist, *dolina*, wenn durch den Einsturz ein weites Tal entsteht – eine Doline wie hier in Škocjan, mit 165 Meter hohen Wänden.

Edi betritt durch einen hohen Spalt als erster die Unterwelt, durch die das Rauschen des Flusses Reka hallt. Wir folgen dem Wasserlauf, der sich mal unter freiem Himmel, dann wieder unterirdisch seinen Weg bahnt und im brüchigen Gestein Kanäle und Schächte formt. Irgendwann wird es zu einer weiteren Doline kollabieren. Wir vermeinen, die Kräfte der Erosion buchstäblich wirken zu sehen. Von hier, wo der Fluss sich streckenweise im Tageslicht zeigt, ehe er wieder in seine Höhlenfinsternis zurückkehrt, wurden die Höhlen von Škocjan ab Anfang des 19. Jhs. erforscht. Berühmter als dieser Teil des Systems ist jedoch die eigentliche Grotte mit ihren fantasievollen Tropfsteinskulpturen und den schwindelerregenden Brückenstegen, die in 100 Metern Höhe über dem Canyon der Reka folgen. Die Decke, von der es stetig tropft, ist im Licht der wenigen Lampen nur zu erahnen; auch den Boden mit dem tobenden Fluss verschluckt tiefes Schwarz. Noch auf der Fahrt vom Karstplateau in das bis zu 300 Meter tiefer gelegene Küstenland wirkt der Besuch nach.

BRÖCKELNDE ELEGANZ HINTER DEM SPECKGÜRTEL

Im slowenischen wie im kroatischen Istrien siedelten die Menschen in unruhigen Zeiten gerne auf vorgelagerten Inseln, so auch in Piran, Izola und Koper, den drei venezianisch geprägten Städtchen an Sloweniens Küste. Von Kopers Insel ist allerdings nichts mehr zu sehen, denn in der jugoslawischen Ära wurde der flache Isthmus zum Festland trocken gelegt. Heute trennt nicht das Meer, sondern eine große Frachtcontainer- und Industriezone die Altstadt von ihrem Hinterland. Sloweniens einziger Hafen macht jenem von Triest Konkurrenz, und die Neustadt spiegelt den damit erwirtschafteten Wohlstand in den Fassaden futuristischer Einkaufszentren und Megastores. Kopers historisches Zentrum hingegen leidet unter dem Wirtschaftsboom: Es modert hinter dem Ring aus Glas und Beton vor sich hin. Spätgotischer Putz bröckelt, Renaissancefresken verblassen, aus leeren Bi-

> *In Istrien siedelten die Menschen in unruhigen Zeiten gerne auf vorgelagerten Inseln.*

Über die Salinen von Strunjan hinweg blickt man auf die sich im Hintergrund erhebenden slowenischen Alpen.

Stadt, Strand, See(promenade): in Piran

Die Obalnje-Galerie in Piran zeigt Skulpturen aus der Sammlung des Museums Lendav.

Am Titov trg in Koper: Ein Cappuccino in der Renaissanceloggia mit Blick auf den venezianischen Prätorenpalast und die elegante Domfassade

Special MITTELALTERLICHE FRESKEN

Auf ein Tänzchen mit Gevatter Tod

Zwischen dem 11. und dem 16. Jh. verwandelten sich die Innenräume von Istriens Kirchen in Bilderlesebücher für die Landbevölkerung. Eine der eindrucksvollsten Darstellungen ist der „Totentanz" in der Dreifaltigkeitskirche von Hrastovlje. Das Ende des 15. Jhs. fertiggestellte, kurz danach mit einer acht Meter hohen Mauer gesicherte Gotteshaus ist vollständig mit Naturfarben ausgemalt. Der Bilderzyklus sollte dem des Lesens unkundigen Gläubigen die wichtigsten Ereignisse des Alten und Neuen Testaments nahe bringen, Genesis, Passion, Paradies und Hölle. In Hrastovlje hat Meister Janez aus Kastav zudem die Decke von linkem und rechtem Seitenschiff mit einer Darstellung der Monate und der jeweils anfallenden landwirtschaftlichen Arbeiten geschmückt. Sein ganzes Talent aber zeigt sich in dem sieben Meter langen Totentanzfresko an der Südwand, dessen Ausführung stilistisch bereits in die beginnende Renaissance verweist: Elf Personen, vom Bettler bis zum König, tänzeln bei dieser mittelalterlichen Polonaise Hand in Hand mit furchteinflößenden Totengerippen auf ein offenes Grab zu. Plastisch sind die unterschiedlichen Stände abgebildet, und ebenso plastisch sieht man die Todgeweihten klagen, jammern oder mit ihren Statussymbolen winken. Doch es hilft nichts – vor dem Tod sind alle Menschen gleich.

Totentanzfresko in der Kirche von Hrastovlje

Besichtigung Mi.–Mo. 9.00–12.00, 13.00–17.00 Uhr oder unter Mobil-Tel. 031 43 22 31 vereinbaren. Fotografieren verboten.

forienfenstern bricht frisches Grün, und Ladengeschäfte stehen leer. Nur die vielleicht schönste Piazza der nördlichen Adria, der Titov trg, lässt erahnen, wie vornehm Koper einmal gewesen sein muss. Ein Cappuccino in der Renaissanceloggia mit Blick auf den venezianischen Prätorenpalast und die elegante Fassade des Doms mit seinem schlanken Campanile gehört deshalb in jedem Fall zum Pflichtprogramm.

Vielleicht haben Kopers Stadtväter ja bald ein Einsehen und folgen dem Beispiel ihrer Kollegen aus dem benachbarten Izola. Diese vermieteten die leerstehenden Häuser preiswert an Künstler, und die Altstadt blühte auf. Galerien, Lädchen, Weinlokale beleben die schmalen Gassen; am Mandrač, dem Hafenbecken, treffen sich Alt und Jung abends zum Corso.

SALZHÄNDLER UND SCHÖNE DAMEN

Piran, 18 Straßenkilometer weiter, lebte früher von Salz. Wie Koper und Izola war es seit 1279 Venedig untertan. Es hatte das Weiße Gold, das in den beiden Salinen nördlich und südlich der auf einer Halbinsel gegründeten Stadt gewonnen wurde, bei den Dogen abzuliefern, verdiente aber bestens daran, wie die hübschen Paläste in der Altstadt und rund um den Tartini-Platz erzählen. Einen so ele-

UNESCO-Welterbe: In den Höhlen von Škocjan bahnt sich der Fluss Reka einen Weg durch den Karst.

Izola – hier mit den Cafés am Manziolijev Trg in der Altstadt – liegt auf einer ehemaligen Insel; daher auch der Name.

Über die Einsturzdoline fällt der Blick auf das Dorf Škocjan, nach dem das darunter liegende Höhlensystem benannt ist.

Strandleben bei Izola

ganten Palazzo wie das rote Eckhaus mit spätgotischen Fenstern und einem zierlichen Eckbalkon würde man eher in Venedig, nicht hier in der Diaspora erwarten, denn nichts anderes war Istrien damals für die venezianischen Statthalter. *Benečanka*, die Venezianerin, nennen die Piraner den Bau und behaupten, ein reicher Kaufmann habe darin seine venezianische Geliebte ausgehalten. Ob sie wohl öfter hinaufstieg zur Kirche Sv. Jurij auf dem Bergrücken über der Altstadt? An klaren Tagen, wenn der Fallwind Burja – in Kroatien Bora genannt – von Nordosten heranbrausend die Luft klar und rein wie Glas macht, hätte sie die Lagune ihrer Heimatstadt sehen können, dahinter die majestätischen Dolomiten und die schneebedeckten Gipfel der Karnischen Alpen. Zu Füßen dieses grandiosen Aussichtspunkts schiebt sich Pirans Altstadt auf ihrer Landzunge wie ein Schiffsbug hinaus ins Blau der Adria. Cafés und Restaurants säumen die Uferpromenade, in den Gassen dahinter schleichen Katzen um die Fischhalle herum auf der Suche nach Futter.

IM ROSENHAFEN

Wie sah es wohl aus zu Beginn des 20. Jhs., dieses Seebad Portorož oder Portorose, wie Österreicher und Italiener es nannten, wenn sie am Meer entlangpromenierten und im Palace Cur Hotel einkehrten auf eine Wiener Melange? Der historische Palast ist auch heute noch Mittelpunkt des lebhaften Seebads; ein Mittelpunkt allerdings, dessen elegante Fassade Mühe hat, sich zwischen den sozialistischen Hotel-Bausünden zu behaupten. Doch dieser ästhetische K.O.-Schlag für das nostalgische Seebad stört die wenigsten Sommerfrischler, denn Portorož hat etwas, das allen anderen Badeorten an Istriens Westküste fehlt: einen (wenngleich nur künstlich aufgeschütteten) Sandstrand. Wer braucht da schon ein intaktes Stadtbild? Und: Das malerische Piran liegt ja nur wenige hundert Meter entfernt.

DAS WEISSE GOLD

Salzblüten und Meeresspargel

Jahrhundertelang lebten Pirans Salzarbeiter zwischen St. Georg und St. Bartholomä in den Steinhäusern der Salinen von Sečovlje, um in mühevoller Handarbeit das kostbarste Salz der östlichen Adria zu ernten.

Entlang der Verdunstungsbecken wuchert eine Pflanze mit dem wissenschaftlichen Namen *Salicornia* wie Unkraut. Als „Meeresspargel" erobert sie gerade die europäischen Gourmetküchen.

Auf den ersten Blick gibt es kaum etwas Öderes als diese Salinen an der Grenze zu Kroatien. Flaches, gräulich-braunes, in der Hitze flirrendes Land, ein paar niedrige Häuser, hier und da ein brackiges Wasserbecken, einige Vögel, ein Kanal, auf dem ein Boot dümpelt. Weit draußen blitzen weiße Pyramiden in der Sonne auf, Männer mit breitkrempigen Hüten bewegen sich, von der flimmernden Luft in Schattenwesen verwandelt, zwischen abgezirkelten Becken. Ihre Rechen ziehen im gleichförmigen Rhythmus vor und zurück. Mit einem Schrei steigt ein Seidenreiher aus dem Binsengürtel und erhebt sich in die Lüfte. Der Wind treibt Salzwirbel vor sich her.

Für Desire Joras ist dieses karge und zugleich faszinierende Bild Alltag. Sie arbeitet für den Naturpark, der in der aufgelassenen, „Fontanigge" genannten Hälfte der Salinen von Sečovlje eingerichtet wurde und zu den Ramsar-Feuchtgebieten zählt. Die meisten Vögel, Pflanzen und Kleinstlebewesen kennt sie beim Namen. Sie sichtet Etruskerspitzmäuse, Salinenkrebse, Stelzenläufer, Silberreiher und weiß, wann im Spätherbst durchziehende Flamingoschwärme die Salinen rosa färben. Desires eigentlicher Stolz aber gilt der Salzgewinnung. Am 23. April, dem Tag des hl. Georg, beginnen die Salzarbeiter damit, in Handarbeit die 22 Verdunstungsbecken zu präparieren. Sie leiten Wasser dorthin, wo es gebraucht wird, und prüfen die Zusammensetzung der „Petola", einer dünnen, aus Mineralien und Mikroorganismen bestehenden Biosediment-Schicht, die für die Qualität des Salzes verantwortlich ist. Bildet sich ein erster, jungfräulicher Kristallfilm auf dem Meerwasser – die kostbare Salzblüte –, wird er vorsichtig abgeschöpft. Sobald dann alles Wasser verdunstet ist, harken sie das Weiße Gold zu glitzernden Hügeln. Am 24. August, dem Tag des hl. Bartholomäus, ist die Arbeit beendet, und das Meer hat 5000 Tonnen handgeschöpften Salzes freigegeben.

BESICHTIGUNG & SPA

Es gibt zwei Zugänge zu den Salinen von Sečovlje (Sommer tgl. 8.00–21.00, Winter nur bis 17.00 Uhr; zu Fuß oder mit dem Fahrrad). Der nördliche Eingang führt in den noch bewirtschafteten Teil mit einem kleinen Laden, in dem man reines Speisesalz und kosmetische Salzprodukte kaufen kann. Rund 2,5 km durch die Salinen sind es bis zum Salzmuseum, das die Techniken der Salzernte und die Lebensbedingungen der Arbeiter beleuchtet. Der südliche, der Natur überlassene Teil ist auch über eine Zufahrt zugänglich, die nach dem slowenischen Grenzposten (und vor dem Passieren des kroatischen) rechts abzweigt.

Das Spa Lepa Vida nutzt die Heilkraft von Salzschlamm und -Wasser. Pool, Holzhäuser für Umkleiden und Gastronomie sowie nicht einsehbare Behandlungsräume unter freiem Himmel vermitteln das Gefühl, sich bei den Anwendungen direkt in der Natur zu befinden (Seča 115, Tel. 05 6 72 13 60, www.thalasso-lepavida.si, Mai/Okt. 11.00–17.00, Juni/Sept., 10.00–19.00, Juli/Aug. 9.00–21.00 Uhr).

„Salz ist Meer, das nicht zum Himmel zurückkehren konnte." Slowenisches Sprichwort

Slowenisches Istrien
28–29

Von Höhlen, Geigern und edlen Pferden

Sloweniens Anteil an der Halbinsel Istrien umfasst den 46,6 km langen Küstenstreifen zwischen der italienischen und kroatischen Grenze sowie den Rand des teilweise nur wenige hundert Meter landeinwärts beginnenden Karstplateaus. Mediterrane Flora sowie von venezianischer Architektur geprägte Hafenstädtchen im Küstengebiet kontrastieren mit lichten Wäldern und Höhlensystemen im Karst.

01 ŠKOCJANSKE JAME

Das von der UNESCO im Jahr 1986 zum Erbe der Welt gekürte Höhlensystem von **Škocjan** ▶TOPZIEL wurde vom Fluss Reka geschaffen, dessen Lauf im Umkreis der Höhlen teils ober-, teils unterirdisch verläuft. Im spektakulärsten Abschnitt strömt der Fluss durch einen unterirdischen Canyon und den schmalen Hankejev kanal. Rund 40 km weiter westlich erscheint die Reka bei Duino/Triest erneut am Tageslicht, als Quelle des Timavo. Bewohnt war dieses Höhlensystem schon in der Jungsteinzeit, die systematische Erforschung der Gänge begann aber erst zu Beginn des 19. Jhs. Zugänglich war zunächst nur die Mohorčič-Höhle; das angrenzende System von Gängen und Hallen wurde im Zuge weiterer Forschung im 19. Jh. begehbar gemacht. Da die Wege holperig sind und der letzte Abschnitt steil bergauf führt, ist der Besuch gehbehinderten Personen nicht zu empfehlen. Festes Schuhwerk und eine warme Jacke sind wichtig – in den Höhlen beträgt die Temperatur nur etwa 12 °C. Der Besucherpfad ist etwa 3 km lang, sein tiefster Punkt befindet sich 144 m unter der Erdoberfläche. Die – ausschließlich geführten – Besichtigungen dauern rund 90 min.

Sehenswert/Besichtigung

Vom Ausgangspunkt, dem Besucherzentrum bei Matavun, besichtigt man stetig bergab gehend die **Stille Höhle (Tiha jama)** mit dekorativen Sinterterrassen und die **Große Halle (Velika dvorana)**, mit faszinierenden Tropfsteinformationen. Danach stößt man auf den Lauf der Reka, die über Wasserfälle sprudelnd im Canyon verschwindet. Eine Brücke überquert den Abgrund, und der Weg wendet sich durch weitere Tropfsteinsäle bergaufwärts, bis man sich in der **Großen Doline (Velika dolina)** im Freien wiederfindet. Von hier besteht die Möglichkeit, die Tour ohne Führung fortzusetzen. Dieser Teil des Systems präsentiert besonders plastisch die Genese von Karsthöhlen, denn er verläuft teils unterirdisch, teils durch Höhlen mit eingestürzten oder sich gerade öffnenden Decken und unter Naturbrücken hindurch (Jan.–Mai tgl. 10.00 und 13.00, April, Mai, Okt. auch 15.30, Juni bis Sept. zwischen 10.00 und 17.00 Uhr stündlich).

Information

Besucherzentrum, Matavun 12, 6215 Divača, Tel. 057 08 21 10, www.park-skocjanske-jame.si

02 LIPICA

Teile des Gestüts in der Nähe von Sežana können Besucher auf eigene Faust besichtigen; wer mehr sehen und erfahren möchte, sollte sich der empfehlenswerten Führung anschließen. Wegen umfangreicher Renovierungsarbeiten werden im Jahr 2015 Teile der Anlage zeitweise nicht zugänglich sein.

Sehenswert/Museum

Allein der Anblick der auf der Weide stehenden Pferde ist die Anreise nach Lipica wert. Bei der geführten Besichtigung besuchen Sie u.a. den im Jahr 1703 erbauten **Wölbstall**, in dem die kostbaren Zuchthengste untergebracht sind. Lipica beherbergt sechs klassische Zuchtlinien (Hengste) und 17 Stutenstämme. Das **Museum Lipikum** breitet Geschichte, Zucht und Dressurtechniken aus (Besichtigung tgl., April–Okt. 10.00–17.00 stündl., Nov.–März 10.00, 11.30, 13.30, 15.00 Uhr). Im Sommerhalbjahr können Besucher Gelehrigkeit und Eleganz der Pferde bei Vorführungen der Klassischen Reitschule bewundern (April–Okt. So. 15.00, Mai–Sept. auch Di., Fr. 15.00 Uhr).

Erleben

Der 1889 angelegte 9-Loch-Platz ist Teil des Gestüts und zählt dank seiner Einbettung in die natürliche Karstlandschaft zu den schönsten Golfplätzen Sloweniens (ganzj., Tel 05 7 39 17 24, www.lipica.org/de/was-tun/golf/golfplatz).

Restaurant/Hotel

Gastronomie wie Hotellerie im Gestüt sind auf die Abfertigung großer Besuchergruppen eingestellt. Feine Speisen, vor allem Fisch und Meeresfrüchte, serviert €€ **Gostilna Apolonia**. Die Küche vereint harmonisch Genüsse der Adria und des Karstes (Šmarje pri Sežani 79, Sežana, Tel. 05 73 45 515). Für Übernachtungsgäste stehen mehrere Zimmer bereit.

Information

Kobilarna Lipica, Sežana, Tel. 057 39 15 80, www.lipica.org

03 KOPER

Die Hafenstadt (53 000 Ew.) verbirgt ihre Reize hinter einer großen Industrie- und Shoppingzone. Im ruhigen Ortszentrum erinnern Loggia und Paläste an die venezianische Herrschaft in den Jahren 1279–1797.

Sehenswert

Hinter dem einzigen noch verbliebenen Stadttor, der **Porta Muda** (1516), schmückt der zierliche **Da-Ponte-Brunnen** (17. Jh.) den **Prešernov trg**. Von hier führt die **Čevljarska ulica** vorbei am gotischen **Palazzo Almerigogna** und vielen kleinen Geschäften und Galerien zum **Hauptplatz Titov trg**. Ihn säumen die **Loggia** mit charakteristischen Arkaden in veneziani-

Stimmungsvoll bummeln lässt es sich an der Hafenpromenade von Koper.

Tipp

Lamm auf Heu

Nur nicht abschrecken lassen! Moreno Medos, begnadeter Koch und Besitzer des Gasthauses in **Nova Vas** oberhalb von **04 Izola**, ist das, was man in Bayern einen Grantler nennt. Umso herzlicher empfangen Ehefrau Oriella und Tochter Meta die Gäste. Das täglich wechselnde Menü orientiert sich an dem, was befreundete Bauern und Fischer gerade ernten oder fangen. In Kombination mit Morenos Genie ein unschlagbarer Genuss. Unbedingt Lamm aus der Peka probieren – Moreno bettet es auf Heu!

Gostilna na burji, Nova Vas 57, Tel. 056 72 60 42, unbedingt reservieren!

scher Gotik, der zinnengekrönte **Prätorenpalast** (15. Jh.) und der **Dom**, dessen Grundstein im 12. Jh. gelegt wurde. Im 15. Jh., als der gesamte Platz neu gestaltet wurde, erhielt er seine jetzige Form. Lassen Sie die harmonische Anlage bei einem Café in der Loggia auf sich wirken, bevor Sie dem benachbarten Platz **Brollo** mit seinen aus dem Barock stammenden Palazzi einen Besuch abstatten. Die **Gasse Kidričeva ulica** führt, vorbei am barocken **Palais Belgramoni-Tacco**, nach Westen zum **Carpacciev trg** und dem ehemaligen Hafen, heute eine Marina.

Information

TIC, Titov trg 3, Tel. 056 64 64 03, www.koper.si

04 IZOLA

Erst im 19. Jh. wurde die auf einer Insel (izola) erbaute Altstadt mit dem Festland verbunden. Izola (16 000 Ew.) hat römische Wurzeln, von denen noch Fundamente einer *villa rustica* zeugen. Fischerei und Landwirtschaft begründeten damals wie heute den Wohlstand.

Sehenswert/Museum

Vom kreisrunden **Hafenbecken**, in dem heute mehr Jachten als Fischkutter dümpeln, führen schmale Gassen und Durchgänge ins Herz der **Altstadt**, den **Manzijoliev trg**. Um die **Pfarrkirche Sv. Mauro** (16. Jh.) scharen sich historische Paläste wie der 1470 erbaute **Manzolipalast** und der rund 100 Jahre jüngere **Palazzo Lovisato**. Besonders sehenswert ist der reich mit Stuck verzierte barocke **Palazzo Besenghi degli Ughi** ein Stück weiter. Doch Izola beeindruckt weniger mit einzelnen Bauten denn als atmosphärisches Gesamtensemble. Das **Museum Parenzana** rundet den Besuch ab. Es erzählt die Geschichte der Schmalspurbahn, die 1902–1935 zwischen Triest und Poreč verkehrte (Ulica Alme Vivode 3, Tel. 056 41 73 57, Di.–Sa. 16.00–19.00, So. 10.00–12.00 Uhr).

Bar, Restaurant/Hotel

Mit Blick auf das Hafenbecken speisen Sie im **€€Restaurant Marina** frischen Fisch und Meeresfrüchte (Veliki trg 1, Tel. 056 60 41 00, www.hotelmarina.si). Das gleichnamige **€€ Hotel** empfiehlt sich als zentral und zugleich idyllisch am Hafen gelegene Unterkunft. Schinken, Salami, Käse und dazu Weine des Guts Zaro laden in der **€ Weinbar Manzioli** (Manzijoliev trg 5, Tel. 056 16 21 37) zur Verkostung lokaler Spezialitäten.

Information

TIC, Ljubljanska ulica 17, Tel. 056 40 10 50, www.izola.eu

05 – 07 PIRAN UND UMGEBUNG

Das charmante Städtchen **05 Piran ▶TOPZIEL** (17 000 Einw.) drängt sich auf der schmalen Landzunge zwischen den Buchten von Strunjan und Piran. Vom Hafenbecken bis zur Spitze des Kirchturms von Sv. Jurij auf einem Höhenrücken wirken seine Gassen und Plätze wie der Inbegriff mediterran-venezianischer Harmonie.

Sehenswert/Museum

Der **Tartiniev trg** ist Mittelpunkt der **Altstadt** und zugleich einer der schönsten Plätze der östlichen Adria, gesäumt von Häusern aus verschiedenen Epochen, unter denen das Mitte des 15. Jhs. errichtete **venezianische Haus** hervorsticht. Im Zentrum des Platzes erhebt sich das 1896 errichtete **Denkmal für Giuseppe Tartini**. Der Komponist und Geigenvirtuose wurde 1692 in Piran geboren. Sein Geburtshaus, ebenfalls am Platz, zeigt eine bescheidene Ausstellung über den Künstler (Sept. bis Mai Di.–So.11.00–12.00 und 17.00–18.00, sonst 9.00–12.00 und 18.00–21.00 Uhr). Neben dem Denkmal erinnern zwei steinerne **venezianische Fahnensäulen** mit eingemeißelten Längenmaßen an die Herrschaft der Serenissima, die vor allem am lukrativen Salzhandel der Piraner Salinen interessiert war. Vorbei am **Minoritenkloster** mit einem stimmungsvollen Renaissancekreuzgang führen Gassen bergauf zur barocken **Kirche Sv. Jurij** mit benachbartem Baptisterium und frei stehendem, 46 m hohem Campanile, eine Kopie des Turms der Markuskirche in Venedig (Besteigung Sommer Mi.–Mo. 10.00–16.30 Uhr). Genießen Sie die Aussicht, die über die buchtenreiche Küste bis an die Alpen reicht! Den Abschluss bildet ein Bummel durch den ältesten Stadtteil **Punta** auf der Landzunge mit dem von einer großen Zisterne gezierten **Platz 1. Maja**.

Shopping

Der Laden von **Piranske soline** verkauft die Produkte aus den Salinen von Sečovlje, darunter Fleur de Sel (solni cvet) und Salz-Schokolade (Ulica IX Korpusa 2).

Restaurants

Wenn Sie nicht partout draußen sitzen wollen, sei **€€ Pri Mari** empfohlen. Das kleine Restau-

Markt in der Altstadt von Izola

Bitte bedienen Sie sich: in Pirans Altstadt

rant überrascht mit sehr feiner, authentischer Küche; es gibt aber nur einen winzigen Garten (Dantejeva ulica 17, Tel. 056 73 47 35, www.primari-piran.com). Vor der barocken Zisterne am Prvomajski trg verkosten Gäste der **€ Cantina** slowenische Weine; Sardinen und andere Snacks dazu liefert **€ Fritolin pri Cantini** gleich nebenan (Trg 1. Maja 10).

Hotels

Bei **€€ Max** übernachten Gäste in einem romantischen Altstadthaus von 1700 (ul. 9. Korpusa, Piran, Tel. 05 67 33 436, www. maxpiran.com). In Portorož empfiehlt sich das sehr elegante **€€€€ Grand Hotel Portorož** mit Wellnesscenter und Sauna-Park der Terme Palace, in dem Gäste von Shakti-Yoga bis Wai Thai-Massagen verwöhnt werden (Tel. 05 69 21 020). Jüngst renoviert und bezaubernd rund um das Thema „Salinen" gestaltet wurde das benachbarte **€€€ Hotel Apollo** (Tel. 05 69 22 020; beide Obala 33, Portorož, www.lifeclass.net).

Umgebung

Das hübsche Seebad **06 Portorož** mit künstlich aufgeschüttetem Sandstrand ist ein beliebter Erholungsort italienischer und österreichischer Gäste. Es gibt ein großes Sport- und Wellnessangebot, das Klima ist sehr mild. Nur eine Bucht weiter liegen die Salinen und der Naturpark von **07 Sečovlje**.

Information

TIC, Tartinijev trg 2, Tel. 056 73 44 40, www.portoroz.si

DuMont Aktiv

Lipizzaner unter Linden

Lipica ist die Wiege der Lipizzanerzucht. Hier im slowenischen Karst gründete Erzherzog Karl im Jahr 1580 ein Gestüt, das mit seinen eleganten weißen Pferden schon bald Weltruf erringen sollte. In Lipica einen Lipizzaner satteln zu dürfen, ist der Traum vieler Reiter.

Und das dürfen die Teilnehmer des achttägigen Dressurkurses, den das Gestüt für erfahrene Reiter anbietet: Lipizzaner reiten. Zur Kapriole, bei der das Pferd mit allen vier Beinen gleichzeitig abspringt, werden es die enthusiastischen Reiter wohl eher nicht bringen, die am ersten Kurstag im Stall antreten, aber vielleicht gelingt ihnen am Ende doch zumindest eine Volte. Lipizzaner sind den Menschen zugewandte Pferde, aber sie benötigen eine starke Hand, vor allem, wenn es darum geht, ihnen die Kunststückchen der Spanischen Hofreitschule zu entlocken.

Auf dem Rücken dieser barocken Tiere über die von uralten Eichen und Linden bestandene Karstebene zu traben, vorbei an den Weiden für die Stuten mit ihren noch schwarzen Fohlen – allein das löst schon enorme Glücksgefühle aus. Nicht minder gern trabt man durch die Wiener Allee: Gesäumt wird die in die österreichische Hauptstadt führende Straße von jenen Linden, die einst Gestütsmitarbeiter pflanzten, wenn neu abgerichtete Pferde das Gestüt verließen, um ihr Können am Hof zu präsentieren.

Dem Menschen zugewandt: Lipizzaner

AUF EINEN BLICK

Der **achttägige Reitkurs** startet jeweils samstags und beinhaltet **zehn Reitstunden** sowie die **Pflege der Pferde**.

Zugelassen sind nur erfahrene Reiter, die Schritt, Trab und Galopp selbstständig beherrschen.

Unterkunft und **Verpflegung** sind inbegriffen, **Unterrichtssprache** ist englisch. **Weitere Kurse** werden z. B. für Geländereiter angeboten.

Kontakt: Kobilarna Lipica, Tel. 057 39 15 80, www.lipica.org

LIM FJORD PANORAMA
RV 221

Kultur und Genuss

Weit ausladende Kronen alter Pinien beschatten die von Felsbuchten zerfurchte Küstenlinie, auf vorwitzig ins Meer ragenden Halbinseln drängen sich ochsenrot und kaisergelb getünchte Häuser um eine venezianische Kirchturmspitze, im Hinterland hocken steingraue Bergdörfer auf Hügelrücken über den mit Weinreben und Olivenbäumen kartierten Ebenen. Istriens Westen ist eine uralte Kultur- und Genusslandschaft.

Die Seele baumeln lassen: Gemächlich schaukeln die Boote im Hafen von Rovinj, über dem sich das Panorama der Altstadt anmutig erhebt.

Rovinj: Vom fast 60 m hohen Campanile der Kirche St. Euphemia aus dem 17. Jh. blickt man über Stadt und Küste hinweg.

Freeclimber im etwa 1,5 km südlich von Rovinj gelegenen Naturreservat Zlatni Rt (Goldenes Kap)

Pizzeria Da Sergio in Rovinjs Grisia-Gasse

Blaue Stunde: Die Cocktail & Champagner Bar Valentino in Rovinj ist ein idealer Ort, um den Sonnenuntergang zu beobachten.

Die heilige Euphemia tanzt seit Stunden unentschlossen auf dem Glockenturm der ihr geweihten Kirche hin und her und verweigert eine zuverlässige Auskunft über die Wetteraussichten der kommenden Tage. Die Rovinjer sind an die Eskapaden ihrer Stadtheiligen gewöhnt, doch die Touristen, die nun schon den zweiten Tag dunkle Wolken am Horizont über dem Ferienparadies aufziehen sehen, beobachten die Wetterprophetin frustriert. Hatte Željko, der Vermieter der Ferienwohnung, nicht hoch und heilig geschworen, dass auf Euphemia Verlass sei? Wenn sie landeinwärts schaue, komme schlechtes Wetter; blicke sie aufs Meer, seien Sonnentage garantiert. Dass sie sich nun aber hin und her dreht, ist offenbar nicht vorgesehen.

SAISONAUFTAKT IN ROVINJ

Steigt man die 170 Stufen im Campanile hinauf, eröffnet sich zu Füßen der Wetterstatue ein wunderbares Panorama über die Inseln des Rovinjer Archipels, die mit Booten und Segelschiffen gesprenkelte Adria und auf die Altstadt. Letztere entpuppt sich aus dieser Perspektive als ein zum Kirchberg mäanderndes Netz schmaler Gassen zwischen dicht neben- und übereinander gestaffelten rostroten Ziegeldächern. Euphemia tanzt immer noch, doch scheint sie inzwischen einer Richtung den Vorzug zu geben: Sie wendet sich allmählich dem Meer zu, und die ersten Sonnenstrahlen brechen durch die Wolkendecke. Offensichtlich haben die Sorgen der Urlauber ihr bronzenes Herz erweicht.

Flugs sind in der Grisia-Gasse Tische und Bänke vor die Türen gestellt, Auslagen mit Pseudo-Korallentand und Silberschmuck aus Asia-Produktion dekoriert. Plastiksandalen, Schwimmreifen und Sonnenhütchen werden drapiert – jetzt können die Touristen kommen. Viele Händler nicht nur hier in Rovinj allerdings klagen, dass die Umsätze fallen.

„Warum kauft ihr nichts?" wollen sie wissen. Kaufen würden wir gerne, nur nicht diesen Tand, mögen die meisten durch die Altstadt bummelnden Passanten denken. Gäbe es nicht Lichtblicke wie Sašo Petroševski Novaks Atelier, in dem der Zagreber Künstler in den Sommermonaten arbeitet und seine kunterbunten, aus kubischen Formen zusammengesetzten Landschaftsbilder malt, man könnte verzweifeln. Seinem Ruf, ein kreatives Künstlerstädtchen zu sein, wird Rovinj nur noch an wenigen Orten gerecht – die berühmte Grisia-Gasse zählt nicht dazu. Die in postmoderner Architektur errichtete Galerija Adris neben der historischen Tabakfabrik ist einer der besuchenswerten Plätze; ihre Ausstellungen widmen sich bevorzugt der kroatischen Moderne. Die Intellektuellen und Künstler der Stadt treffen sich zu Events im Multimediazentrum MMC; einem ehemaligen Kino, in dem nun die kreative Avantgarde zu Hause ist.

Dem Ruf, ein kreatives Künstlerstädtchen zu sein, wird Rovinj nur noch an wenigen Orten gerecht.

KÜNSTLER AUF DEM BERG

Dass dem malerisch auf einem 288 Meter hohen Bergkegel thronenden Grožnjan ein ähnliches Schicksal blüht wie der Grisia-Gasse, mögen die alten slawischen Gottheiten verhüten! Obwohl sich in den Sommermonaten Heerscharen von Besuchern auf seinem Pflaster drängen,

Der im Jahr 1680 errichtete Balbi-Bogen führt in das Gassengewirr der Altstadt von Rovinj.

Straßencafé am Hafen von Rovinj

Tafelrunde(n) in der für Fahrzeuge gesperrten Altstadt von Rovinj. Ein guter Tipp für Weinliebhaber ist die Vinothek Piassa Grande (Veli trg 1, links im Bild).

Straßenmusiker am Tito-Platz (Trg Maršala Tito) in Rovinj

sind Grožnjans Bewohner sich selbst treu geblieben. Seit 1000 Jahren gibt es die Bergsiedlung schon, doch in den 1960er-Jahren fand ein Exodus statt. Kaum jemand wollte noch hier oben leben. Der jugoslawische Staat versprach jungen Künstlern freies Wohnen, wenn sie sich um die verfallenen Häuser kümmern würden. Dreißig Kreative zogen ein, und noch heute ist eine Mehrheit der knapp 200 Bewohner im künstlerischen Bereich tätig.

Die Bandbreite der in winzigen Galerien gezeigten Werke reicht von der Keramik bis zum Schmuck, von der Bildhauerei bis zur Malerei. Besonders die sommerlichen Treffen der Jeunesse Musicale erfüllen Grožnjan mit jungem Leben und Musik. Ähnlich soll es in den Nachbarsiedlungen laufen, in Oprtalj, Šterna oder Završje, das wie ein Adlernest auf einem Felsvorsprung klebt. Aber mehr als die Hälfte seiner Häuser liegen in Ruinen: Das Prinzip des für den Staat billigen Erhalts des Kulturerbes durch engagierte Bürger scheint nicht überall zu greifen.

ISTRISCHE PERSPEKTIVEN

Das herzförmige Istrien besteht aus zwei sehr gegensätzlichen Kultur- und Landschaftsräumen: dem lieblichen mediterranen Küstenstreifen, der deutliche Spuren venezianischer Vergangenheit trägt, und dem Binnenland, in dem sich Flusstäler wie das der Mirna zwischen steilen Hügeln hindurchschlängeln und die darauf erbauten Städte von Kämpfen der Bewohner zur Abwehr immer neuer Angreifer erzählen.

Die Unterteilung der Halbinsel entspricht den historischen und ethnischen Gegebenheiten. Die Venedig unterworfene Küste war romanisch besiedelt; in Städten wie Novigrad, Poreč und Rovinj wurde ein venezianischer Dialekt gesprochen und italienisches Savoir-vivre gepflegt, während im von Habsburg beanspruchten Hinterland slawische Bauern Felder und Weinberge bestellten, auf ärmlichen Höfen hausten und auf Wohl

Von der UNESCO zum Erbe der Welt gekürt: der Euphrasius-Komplex in Poreč

Im Hauptmosaik in der Kuppel der Euphrasius-Basilika gruppieren sich Engel, Märtyrer und Bischof Euphrasius um Maria als Himmelskönigin mit dem Kinde.

Von Ost nach West durchquert die bis heute mit ihrem römischen Namen Decumanus überlieferte Hauptstraße von Poreč den Ort.

Das Gotische Haus in Porečs Hauptstraße Decumanus

Die Eis-Auswahl ist groß in der als Familienbetrieb geführten Gelateria Fontana

Ein Symbolbau des frühen Christentums machte Poreč, einen der größten Ferienorte Istriens, weltberühmt.

und Wehe ihren Pachtherren, den wechselnden Plünderungszügen von Osmanen, Uskoken sowie den Vorstößen Venedigs ausgeliefert waren. Rückständig mag wohl die passende Beschreibung für das Landesinnere gewesen sein, und so blieb es noch lange. Der Journalist Stephan Vajda, der sich in den 1970er-Jahren auf eine Reise quer durch Istrien machte, nannte seinen Bericht „Abenteuer Abseits". Allerdings fühlte er sich auch von Istriens „laut- und regloser Magie verwirrt". Diese Magie umfängt noch immer jene Spaziergänger, die zum Beispiel das alte Bergstädtchen Motovun auf seinem Mauerring umrunden und Schritt für Schritt, Biegung um Biegung in immer neue Bilder tiefgrüner Rebhügel und silberner Olivenhaine eintauchen, bis sich der Blick schließlich am Horizont im Glitzern des Meeres verliert.

EDLE KNOLLEN IN MOTOVUN

Motovun wurde im Gegensatz zu vielen anderen Bergsiedlungen nie verlassen und steht robust auf zwei Standbeinen: den Trüffeln, die in den Wäldern unten im Mirna-Tal gedeihen, und der jungen Kultur, die es mit einem viel beachteten Filmfestival fördert. Wer die steile Straße auf den 277 m hohen Hügel erklommen hat, findet sich in einem erstaunlich intakten mittelalterlichen Architekturensemble wieder.

BLUE NOTES IN BALE

Die Siedlung Bale krönt keinen Berg, sondern nur einen Hügel. Um den Palazzo Soardo-Bembo in der Ortsmitte, ein wunderbares Beispiel venezianischer Spätgotik, legen sich die beiden Hauptgassen in zwei konzentrischen Kreisen. Da der Palast mit italienischem Geld renoviert wurde, darf der italienische Kulturverein seine Räume nutzen. Um den Palazzo stehen viele Häuser leer oder warten auf Käufer, die bereit sind, in die Ruinen zu investieren. Abends in der Jazz-Bar Kamene Priče räsoniert Eigentümer Tomislav Pavleka bei einem Glas Malvazija über die Zukunft von Bale und damit auch seiner Bar. Sie ist Mittelpunkt der istrischen Jazz-Szene und hat sich im Lauf der letzten 35 Jahre wie ein Labyrinth über Nachbarhäuser und Innenhöfe ausgebreitet. Während im Hintergrund das Deutsche Jazzradio via Internet seine Blue Notes durch die mit mehr oder weniger wertvollen Antiquitäten möblierten Kneipenräume schickt, berichtet Pavleka, dass in der Altstadt nur noch 15 Menschen leben, was man ihm trotz der nachts menschenleeren Gassen kaum glauben mag. Mit den Bewohnern jedenfalls ist kein Geschäft zu machen, eher schon mit den Gästen des Boutiquehotels Grisia, das ähnlich raumgreifend expandiert wie die Bar. Auch Pavleka setzt auf Tourismus und bietet

Mit dem Bau des Leuchtturms am Kap Savurdija, der nordwestlichsten Landzunge Istriens, wurde im März 1817 begonnen – heute ist er der älteste aktive Leuchtturm an der Adriaküste.

Wenn bei Novigrad die Sonne im Meer versinkt: Auf der Terrasse der Bar Vitriol direkt am Meer lässt sich das Naturschauspiel ganz gelassen betrachten.

Fischer im Hafen der „neuen Stadt" (Novigrad)

Venezianische Architektur, Barock und Renaissance verschmelzen in der – malerisch auf einer in die Adria ragenden Landzunge gelegenen – Altstadt von Novigrad auf pittoreske Weise.

Unterkunft an: in flippigen „Jazz-Apartments“. Ob er das jährliche Jazz-Festival auch weiterhin veranstalten kann, zu dem viele Jahre lang Anfang August Größen der Musikszene in das mittelalterliche Städtchen reisten, steht jetzt, nachdem der Sponsor abgesprungen ist, in den Sternen.

TRAUMKÜSTEN UND FELSENLANDSCHAFTEN

Alle brauchen Tourismus, nur Bale hat wie die Mumienstadt Vodnjan oder das Renaissancekleinod Svetvinčenat den entschiedenen Nachteil, weder am Meer zu liegen noch aussichtsreich auf einem der Hügel Inneristriens. Das schränkt das Potenzial drastisch ein, und auch die moderne Multifunktions-Sporthalle, die Bales Bürgermeister stolz einweihte, wird kaum jemanden von seinem Strand weglocken. Obwohl die istrische West- wie die Ostküste fast ausschließlich aus Fels- und Kiesbuchten besteht und man am besten mit Badeschuhen ins Wasser steigt, um den gefährlichen Stacheln der Seeigel zu entgehen, besuchen Jahr für Jahr rund vier Millionen Urlauber aus Italien, Deutschland und Österreich vor allem die Strände. Denn: Nur wenige Regionen Südeuropas können sich in punkto Klarheit und Sauberkeit des Wassers mit der kroatischen Küste messen. Schnorchler blicken bis zum tiefen Grund, und beim Schwimmen stellt sich das Glücksgefühl ein, auf einem gläsernen, zart türkisblauen Meer über märchenhafte Unterwasserlandschaften aus weißem Kalkstein zu treiben. An den Stränden ist kein Raum für akkurate Sonnenliegen- und Schirmarmeen, stattdessen arrangiert man sich mit Wiese und Wurzelwerk, dessen Bäume Schatten spenden. Und weil Strände in Kroatien prinzipiell öffentlich sind, teilt selbst der anspruchsvollste Luxushotelgast die Liegefläche mit kroatischen Jugendcliquen oder Großfamilien.

Die Bausünden aus den 1960er- und 70er-Jahren, in denen Teile der Küste ohne Rücksicht auf Umwelt oder Ästhetik zubetoniert wurden, um Ferienghettos wie die Blaue Lagune bei Poreč aus dem Boden zu stampfen, lassen sich zwar nicht mehr zurücknehmen, aber zumindest durch ansprechende Modernisierung mildern. Und: Verglichen mit vergleichbaren Arealen an der italienischen Adria oder der Costa Brava sind die Dimensionen an der istrischen Küste noch human. Tatsächlich gibt es weite Abschnitte, die gänzlich unverbaut sind. Hier kommt wieder Bale ins Spiel. Von der Mittelalterstadt zum Strand sind es zwar ein paar Kilometer, aber die Küste ist naturbelassen. Ein Vogelschutzgebiet, ein Campingplatz, eine Konoba und sonst nur Macchia und Fahrradwege. Das ist Istriens heimliches Kapital.

Poreč bildet dazu ein Kontrastprogramm. Es beherbergt in der Hochsaison an seiner 13 km langen Küstenlinie bis zu 60 000 Feriengäste, die zwischen mehr als 200 Restaurants wählen können. Die Altstadt liegt romantisch auf einer Landzunge, auf die sich im Norden wie im Süden Bucht um Bucht anschließen. Als die Römer um 100 v. Chr. die Illyrer von dieser Halbinsel vertrieben, hatten sie wahrscheinlich weniger die landschaftliche Schönheit als die strategische Bedeutung und den wirtschaftlichen Nutzen im Sinn. Decumanus und Cardo sowie das Forum, an dem sich die beiden Hauptstraßen kreuzten, sind heute noch im Stadtbild

In Städten wie Novigrad wurde italienisches Savoir-vivre gepflegt.

Idylle zu mieten: die rund 300 Jahre alte Stancija Scodanella bei Motovun

Von den mächtigen Wehrmauern Motovuns blickt man über die Dächer des hübschen Hügelstädtchens auf das üppig grün wuchernde Mirna-Tal.

„Trüffelkönig" Giancarlo Zigante im nach ihm benannten Gourmetrestaurant in Livade

Am höchsten Punkt über dem Mirna-Tal erhebt sich das Kastell in der Altstadt von Motovun.

Special LANDLUST

Vom Charme der istrischen Toskana

Um die *stancijas*, die alten Bruchsteinhöfe der istrischen Bauern, hat sich jahrzehntelang kaum jemand geschert. Viele der verlassenen Gehöfte mit ihren teils meterdicken Wänden und meist nur einer einzigen Feuerstelle waren dem Verfall preisgegeben. Bis die ersten Aussteiger ihren Charme entdeckten.

Zunächst gab es nur einige engagierte, junge Leute, die sich an die Aufgabe machten, den geschichtsträchtigen Mauern wieder Leben einzuhauchen. Dann, nach der Unabhängigkeit Kroatiens, begann der Immobilienmarkt zu boomen. Heute findet man kaum noch eine Ruine, an der nicht das Schild *Vendesi* (zu verkaufen) hängt. Vor allem Italiener erkennen in Istrien eine Art Toskana, wie sie früher war. Herber, nicht so touristisch – und deutlich preiswerter.

Zu den wenigen Nicht-Italienern, die sich in Istrien niedergelassen haben, gehören Brigitte und Wolfgang, sie ehemalige PR-Frau, er Grafikdesigner mit handwerklichem Talent und

Landleben à la Istrien: Stancija Scodanella

heute Betreiber einer auf Istrien spezialisierten Reiseagentur für charmante Unterkünfte. Ihre 300 Jahre alte Stancija Scodanella mit herrlichem Blick auf Motovun haben die beiden 1998 zufällig entdeckt und sofort erworben. Es dauerte einige Jahre, aus dem Haufen Steine eine komfortable Unterkunft mit Gästehaus zu machen, in der man sich auch wohlfühlt, wenn die istrische Sonne mal nicht vom blauen Himmel scheint. Und das war wichtig, denn Brigitte und Wolfgang haben mittlerweile einen großen Teil ihres Lebens nach Istrien verlegt.

erkennbar. Doch nicht das eindrucksvolle römische Erbe, sondern ein Symbolbau des frühen Christentums hat Poreč weltberühmt gemacht.

ZEITREISE ZU DEN ERSTEN CHRISTEN

Poreč vor 1700 Jahren: In einem verschwiegenen Raum in der heutigen ulica Eufrazijeva, am nördlichen Rand der römischen Stadt, treffen sich Christen mit ihrem Bischof Maurus zur Andacht. Das Symbol ihres Glaubens, ein Fisch, schmückt als Mosaik die schlichte Kultstätte, die sich hinter den Mauern eines römischen Hauses verbirgt. Ob es Maurus gehört oder ob er nur einer der Bediensteten ist, die seine Herren aus dem Vorderen Orient mit nach Istrien genommen haben? Über Maurus' Leben ist so gut wie nichts bekannt bis auf seine dunkle Haut, zu sehen auf einem der Mosaiken in der Basilika. Das Treiben der Christen bleibt nicht lange unentdeckt. Maurus und einige Getreuen werden nach Salona, an den Sitz des fanatischen Christenverfolgers Diokletian gebracht und zum Tod verurteilt. Doch schon wenige Jahrzehnte später und noch vor dem Konzil von Nicäa im Jahr 325, das Religionsfreiheit garantierte, wagen sich die Porečer Christen an den Bau eines größeren Oratoriums unweit ihres ersten Bet-

Terrasse mit Aussicht: Kaya Energy Bar in Grožnjan

In ihrem Studio Pi in Grožnjan präsentiert die Künstlern Pamela Ikanovic Keramikarbeiten.

Mehr als 30 Galerien und Ateliers gibt es in dem noch immer mittelalterlich anmutenden Hügelstädtchen Grožnjan.

Frisches (Tisch-)Tuch für das Restaurant Bastia: in Grožnjan

saals. Hier setzen sie die Gebeine der Märtyrer bei. Nach 325 erweiterten sie es um ein zweites Schiff.

Von dieser Kirche sind heute noch die Grundmauern und wunderbare Mosaiken erhalten. Jenes im Museum der Basilika beispielsweise mit der Abbildung des Fisches aus dem ersten Kultraum. Überstrahlt werden sie allerdings vom Prunk der Basilika, die Bischof Euphrasius gleich nach Byzanz' Machtübernahme 539 errichten und mit goldglänzenden Mosaiken überziehen ließ. Angrenzend an Maurus' erstes Bethaus und mithilfe byzantinischer Handwerker entstand die dreischiffige Euphrasiusbasilika als strahlendes Zeugnis des wiedererstandenen Ostroms. Prompt ließ der weströmische Papst den Bischof Euphrasius exkommunizieren. Das Auftreten des Bischofs strotzte geradezu vor Selbstbewusstsein. Er wagte es sogar, sich selbst im Kreis der Heiligen im Apsismosaik verewigen zu lassen, in der Hand ein Modell seines Werks.

MARIA IM ZENTRUM

Euphrasius' Eigenwilligkeit macht sich für Poreč bis heute bezahlt, denn die UNESCO erklärte den Komplex um die Basilika im Jahr 1997 zum Welterbe. Für die Architektur- wie für die Religionsgeschichte ist dieser Bau wegweisend: Er ist einer der wenigen noch erhaltenen frühchristlichen Kirchenkomplexe mit Baptisterium und dem „Bischofspalast" genannten Kanonikerhaus, und die Basilika war eine der ersten Kirchen mit drei Apsiden und drei Altären. Das Revolutionäre aber geschieht im Apsismosaik – nicht Jesus wie im wenige Jahre zuvor errichteten San Vitale in Ravenna, sondern Maria steht im Zentrum der Hauptapsis. Die Darstellung begründete endgültig den Kult um die Muttergottes, den die orthodoxe wie die katholische Kirche bis heute pflegen.

KULINARISCHES

Feine Öle, kostbare Trüffel, groß(artig)e Weine

Haben Sie schon einmal von den süßen Kvarner Scampi gehört? Sie zergehen, so heißt es, auf der Zunge! Wussten Sie, welche Olivenöle in der Gourmet-Bibel „Flos Olei" regelmäßig höchste Wertungen erhalten? Die aus Istrien natürlich! Und haben Sie schon mal eine Frittaja mit wildem Spargel und Trüffel probiert? Wenn nicht, dann sollten Sie das unbedingt bald nachholen!

Mit ihren fröhlich blinzelnden Augen und dem rabenschwarzen, vom Wind zerzausten Haar wirkt die zierliche „Oma Jola" keineswegs großmütterlich. Jolanta Pavlović, die sich hinter dem Pseudonym verbirgt, erläutert Besuchern gerade, wie Olivenöl verkostet wird. Zusammen mit ihrem Sohn hat sie Kroatiens erste zertifizierte Bio-Olivenbaumplantage aufgebaut. Auf dem etwa 14 Hektar großen Anwesen im Hinterland von Savudrija wachsen 2300 Bäume inmitten blühender Wiesen. Familie Pavlović verzichtete auf die um Olivenbäume übliche Kahlrasur von Gras und Unkraut ebenso wie auf den Einsatz von Chemie. Lohnt der Aufwand den Ertrag? Ein Geschmackstest sagt: Ja, durchaus. Einen kleinen Schluck Olivenöl mit der Zunge gegen den Gaumen drücken, dann durch die fast geschlossenen Zähne tief Luft holen und dem Öl Zeit lassen, sich zu entfalten. Besitzt es Bitterkeit oder Schärfe (unabdinglich bei guten Ölen)? Ist ein zitroniges Aroma zu spüren? Oma Jolas Öl schmeckt wunderbar herb nach frisch gemähtem Gras.

Nach dem Zerfall Jugoslawiens waren Initiative und Engagement gefragt, um die uniforme ex-jugoslawische Agrarbrache in eine blühende Landschaft zu verwandeln. Als die enteigneten Bauern ihr Land zurückerhielten, trauten sich nur wenige in das schwer berechenbare Geschäft mit Agrarprodukten. Jolanta Pavlović tat es, auch Claudio Ipša

Oben: Reinstes Olivenöl hat einen leicht bitteren, etwas scharfen Geschmack.
Rechte Seite: Claudio Ipšas aus seinen gut 1000 Bäumen im Mirna-Tal bei Livade gewonnene Olivenöle erhalten regelmäßig höchste Auszeichnungen.

Ipša

Oben: Frisch über die Pasta gehobelt schmeckt der in den Wäldern bei Motovun erschnüffelte Trüffel besonders gut. Rechte Seite: Im schicken Showroom von Natura Tartufi können Sie an einer richtigen Trüffel-Verkostung teilnehmen.

krempelte die Ärmel hoch. Seine Olivenbaumhaine bei Livade stehen auf so steilen, terrassierten Hängen, dass sie lange niemand bearbeiten wollte. Erst Claudio erkannte, dass die übereinander angelegten Terrassen, die teils nur einen Baum tragen, die Oliven optimal der Sonne aussetzen. „Flos Olei" lobte seine Öle in den Genießerhimmel. Sie harmonieren perfekt mit einem anderen istrischen Shooting Star: dem Trüffel. Dessen Karriere begann zu Beginn der 1990er-Jahre und mit ihm auch der Aufstieg Giancarlo Zigantes. Er bzw. seine Hündin Diana fand 1999 in den Wäldern bei Motovun einen 1,3 Kilogramm schweren Riesentrüffel, der bis 2014 im Guinness-Buch der Rekorde als größter weißer Trüffel firmierte und Feinschmecker auf den unter Istriens Wäldern wachsenden Schatz aufmerksam machte. Jährlich erschnüffeln Trüffelhunde zwischen September und November etwa zehn bis 20 Tonnen Weiße und rund zehn Tonnen Schwarze Trüffel. Am besten schmeckt Trüffel auf ganz bodenständigen Gerichten wie einer *frittaja*, dem kroatischen Omelett.

Dem Wein setzte das sozialistische Motto „Masse statt Klasse" schwer zu: Bis heute haben es inzwischen wieder eigenständig und auf hohem Niveau produzierende Winzer wie Franc Arman oder Gianfranco Kozlović schwer, sich auf dem internationalen Markt durchzusetzen. Nur Kenner sind bereit, die relativ hohen Preise für ihre prämierten Spitzenweine zu bezahlen. Dabei harmonieren diese auf der schweren roten Erde Istriens gezogenen Reben perfekt mit den anderen regionalen Produkten! Man vermeint, die Kraft der Böden und der Sonne in jedem Tropfen eines Malvazija, Teran oder Refošk zu schmecken.

Zum Abschluss sei ein autochthoner Tropfen von der Insel Krk empfohlen. Vrbniška Žlahtina, gezogen auf den Feldern um das Städtchen Vrbnik, ist ein ungemein frischer Weißwein, der die wunderbare Zartheit und Süße der hier gefangenen Scampi bestens zu unterstreichen weiß. Vor dem Hintergrund eines adriatischen Sonnenuntergangs wird dieses kulinarische Erleben zu einem ganz besonderen Vergnügen. *Zivjeli!*

AUF EINEN BLICK

Olivenöl
Farm Jola*, Franceskija 54, Savudrija*
Tel. 052 73 70 45, www.omajolas.com
Claudio Ipša*, Ipši 10, Livade*
Tel. 052 66 40 10, www.ipsa-maslinovaulja.hr
Trüffel
Miro Tartufi*, Kanal 27, Motovun*
Mobil-Tel. 098 21 96 07, www.miro-tartufi.com
Natura Tartufi*, Srnegla 21, Mala Huba (bei Buzet)*
Tel. 052 66 29 75, www.naturatartufi.com
Wein
Vinarija Kozlović: *Vale 78, Momjan, 52460 Buje*
Tel. 052 77 91 77, www.kozlovic.hr
Franc Arman: *Narduči 5, 52447 Vižinada*
Tel. 052 44 62 26, www.francarman.hr
Zadruga „Vrbnik": *Namori 2, Vrbnik, Tel. 051 85 71 01,*
www.zlatnavrbnickazlahtina.com

Piran
Strunjan
Dobrava
Rt.Madona
Venezia
03
Portorož
Piranski Zaliv
Lucija
Fjesa
Jagodje
Malija
Šared
Segadici
Gažon
Renkaldo
Semedela
Škocjan
Zusterna
Šmarje
Pobegi
Čežarji
Rižana
Vetrova pot
Kubed
Podgorje
Praproce
Štrped
V.Vrata
M.Grižan
Golac
Zazid
Hrastovlje
Gračišče
Glavičorka
Jelovice
Golič
Rakitovec
Vodice
Dane
Žbevnica
Kropinjak
Klenovščak
H. Savudrija
Savudrija
Crveni Vrh
Sečoveljske Soline
Seča
Parecag
Sečovlje
Korte
Skocjanski Zarok
Padna
Pomjan
Koštabona
Boršt
Bočaji
Trsek
Butari
Movraž
Sv. Kirik
Vanganel
Babiči
Sabadini
Marezige
Sv. Anton
Zambratija
Valica
Fratrići
Sosi
Murine
Kmeti
Vilanija
Letališče Portorož
Dragonja
Sv. Peter
Krkavče
Puče
Novi Brič
Brič
Topolovec
Brezovica
Sočerga
Brda
Collalto
Kučibreg
Vrnjak
Abitanti
Pregara
Labor
Umag
Kaldanija
Momjan
Kremenje
Luka Umag
Umag
02
Petrovija
Gamboči
Montrin
Buje
Marušići
Kuberton
Čepić
Sluznica
Sečjaci
Salež
Perci
Štrped
Slum
Sveti Martin
Veli vrh
Gor. Nugla
Buzet
Žonti
Sterna
Triban
Juricani
Šeget
Sveti Pelegrin
Čakinji
Kršete
Jadranska Magistrala
Martinčići
Makovci
Sveta Lucija
Žnjidarici
Zrenj
Čabrnica
Sveti Donat
Marinci
Čiritež
Roč
Kompanj
Lovrečica
Buroli
Radini
Brtonigla
Kastanjari
Krasica
Grožnjan
Grisignana
Završje
Oprtalj
Portole
Istarske Toplice
Benezi
Sovinjak
Sovinjska Brda
Peničići
Prodani
Kuhari
Kotli
Aleja glagoljaša
Gradac
Mramornica
Ladin Gaj
Karigador
Nova Vas
Kovri
Punta
Sažoni
Kostanjica
Antonci
Livade
Senj
Vrh
Martinci
Klarići
Marčenigla
Krušvari
Hum
Luka Dajla
Dajla
Nova Vas
Srbani
Lozari
Žudetići
Juradi
Šćulci
Oslići
Dragući P.
Dragući
Kostanjija
Bužinija
Mirna
Bajkini
Mastelići
Motovun
Bartol
Sv. Marija Magdalena
Jez. Butoniga
Cerjani
Baldaši
Vižinada
Brkač
Kaldir
Zamask
Ukotići
Gržani
Grimalda
Borut
01
Novigrad
Antenal
Luka Mirna
Lašići
Stanišl
Ferenci
Laze
Kaščerga
Kršikla
Pagubice
Previž
Rt. Zub
Vabriga
Rogovići
Kaštelir
Kovači
Brig
Karojba
Motovunski Novaki
Bravari
Smrikovac
Tar
Perci
Labinci
Korlevići
Vranići
Pilati
Grdoselo
Sajkovići
Cerovlje
Trdošje
Luka Črvar
Santa Marina
Kolumbera
Šturi
Prhati
Škropeti
Jama Baredine
Višnjan
Rošini
Kurjavići
Tryiž
Novaki Pazinski
Rt. Soline
Cervar Porat
Stranići
Nova Vas
05
Rapavel
Frankovići
Katun
Orljak
Bani
Čusi
Gologorica
Barevic
Ulika
Kosinožići
Fabci
Muntrilj
Brajkovići
Beram
Pazin
Šestani
Eufrazijeva bazilika
Vranići
Bačva
Prkovići
Košutići
Majkusi
Šurani
Fojba
Ivoli
Lindar
Poreč
Antonci
Varvari
Mihelići
Breč̌evići
Fakini
04
Sv.Nikola
Bademа
Katun
Sinožići
Ježenj
Rogovići
Gračišće
Florčići
Jakomići
Zelena laguna
Valkarin
Žbandaj
Bonaci
Baderna
Tinjan
Jakovići
Sv.Lucija
Munci
Trošti
Bertoši
Mandalenčići
Pićan
Zajci
Mugeba
Šušnjici
Rakovci
Gljušćići
Bazgalji
Sv. Magdalena
Kukurini
V.Školj
Fuškulin
Dračevac
Pajari
Radići
Kringa
Zabrežani
Jakačići
Funtana
Sv.Martin
Mofardini
Sv.Petar u Šumi
Katun Lindarski
Milotski Breg
Batlug
Baštini
Sv.Katarina
Salamun
Flengi
Rajki
Sv. Lovreč
Radetići
Sv.Andrija
Marasi
Selina
Laginji
Benažići
Vrsar
Kloštar
Medaki
Sv. Lucija
Barat
Žminj
Sv. Foška
Gorica
Farkaloni
Porto Sole
Špilja Sv.Romualda
Sv.Mihovil
Frnjolić
Sv. Agata
Slivari
Žagrići
Rt Šjola
Limski zaljev
Limska draga
Koreniči
Dvigrad
Kanfanar
Rašku Draga
Paradiž
Valalta
Sv.Bartol
07
Bubani
Kanfanar
Tomišići
Benčići
Balići
Rt. Sv.Križ
Tn Monsena
Tn Valdaliso
Sv.Kristol
Brajkovići
Okreti
08
Gržini
Maričí
Borik
Rovinjsko Selo
Jadranska Magistrala
Smoljanci
14
Foli
Koromani
Mali Turini
Rovinj
Monfiorenco
Golaš
Raponji
Svetvinčenat
Rajki
Petehi
06
Sv.Brita
Zlatni rt
Obala
Madona
Bembo
Krmed
Pajkovići
Melnica
Mostr
Raša
Crveni otok
Pifar
33
V. vrh
Bibići
Orihi
Barban
Marko
Sv.Andrija
Štokovci
Bokordići
Ivanušići
Sv. Pavao
Puntera
Sv.Ivan
Sv. Ivan na Pučini
Veštar
Sv.Gospa
Sv. Petar
Bale
Režanci
Skitača
Bateli
Jadranska Magistrala
Štali
Dvije Sestrice
Sv. Mauro
Palazzo
Soardo-Bembo
13
Čabrunići
Sv. Marija
Šajini
Boriniči
Hrboki
Rt Gustinja
Jurišići
Pačići
Glavani
Rebići
Sv. Jakov
Gajana
Orbanići
Prodol
Hreljići
Betiga
Negrin
Filipana
Belavići
T.N.Barbariga
Barbariga
Kvirin
Sv.Kvirin
Divšići
Papini
Rt Barbariga
Barbariga
Golubovo
Vodnjan-sjever
Malmajola
Sv. Vid
Skabići
Rakalj
Sv. Foška
Kacana
Krnica
Sv.Agnja
Brijuni
Sv. Martin
Sv. Blaž
Pinežići
Mutvoran
Zavlaka
Nacionalni park Brijuni
Vodnjan
Vodnjan-jug
Orejok
Marčana
Peruški
Fažanski kanal
Peroj
Pula
Veliki Vareški
Šegotići
Mali
Gaz
Venezia
E751
A9
A8
Jadranska Magistrala
Maßstab 1:250.000
0
3
6km

Buchtensurfen und Hügelhopping

Istriens Westküste ist durch teils tief ins Land greifende Buchten stark gegliedert. Die Hafenstädte haben römische Wurzeln und wurden durch die venezianische Herrschaft architektonisch geprägt. Von den Fels- und Kiesstränden sind es nur wenige Kilometer bis zu den wehrhaften Bergsiedlungen Inneristriens.

01 – 03 NOVIGRAD UND UMGEBUNG

Altstadt, Campanile, Meer – dem Idealbild istrischer Hafenstädte entspricht 01 Novigrad (4500 Einw.) perfekt.

Sehenswert/Museum

Den **Hauptplatz Veliki trg** beherrscht die barocke **Kirche Sv. Pelagij**, mit einer romanischen Krypta (12. Jh.). Das moderne **Lapidarium** zeigt Steindenkmäler aus der Römerzeit bis ins Mittelalter (Okt., April–Mai Di.–So. 10.00 bis 13.00 und 17.00–20.00, Juni–Sept. bis 22.00, Nov.–März bis 19.00 Uhr, www.muzej-lapidarium.hr). Üppigen Barock präsentiert der **Palazzo Rigo** in der **Velika ulica**. Am hübschesten ist Novigrad entlang der **Riva** zu Füßen der von Cafés gesäumten Stadtmauer.

Bar und Restaurants

In der €€ **Taverna Sergio** wird gut und bodenständig gekocht (Šaini 2. Tel. 052 75 77 14, www.hotelmakin.hr). Zwischen Umag und Savudrija verbirgt sich die ländliche €€ **Konoba Buščina**, wegen deren Küche Feinschmecker sogar aus Italien anreisen (Buščina 18, Marija na Krasu, Tel. 052 73 20 88, www.konoba-buscina.hr). Für einen Cocktail nehmen Sie Platz in der **Bar Vitriol** (Ribarnička 6, Novigrad).

Hotel

Die Küste säumen große Hotelanlagen. Eine individuelle Unterkunft ist das recht charmante €€€ **Hotel Cittar** (Prolaz Venecije 1, Novigrad, Tel. 052 75 77 37, www.cittar.hr).

Umgebung

Etwa 14 km an der Küste nach Norden besetzt 02 **Umag**, ein international bekanntes Tenniszentrum, eine ins Meer ragende Halbinsel. Durch die Altstadt lässt es sich gut bummeln. Ein Fahrradweg führt von Umag an der Küste entlang ins 7 km entfernte 03 **Savudrija** und zum 36 m hohen Leuchtturm, dem mit knapp 200 Jahren ältesten, noch im Dienst befindlichen an der hiesigen Küste.

Information

TZ Novigrad, Mandrasč 29 a, Tel. 052 757 075, www.coloursofistria.com

04 – 05 POREČ UND UMGEBUNG

UNESCO-Weltkulturerbe und eines der beliebtesten Urlaubsziele an Istriens Küste: 04 **Poreč** ▶TOPZIEL muss einen Spagat hinlegen, um die beiden Pole zusammenzubringen. Das belegt auch das Hinweisschild am Eingang zur Euphrasius-Basilika, das Besucher auffordert, nicht in Badekleidung einzutreten.

Sehenswertes

Als Hauptgasse der Altstadt durchquert die **Dekumanska ulica** dem Verlauf des römischen Decumanus folgend die Halbinsel. Ihren Anfang markiert der **mittelalterliche Turm Peterokutna kula**. Gesäumt ist sie von Palazzi aus verschiedenen Epochen, so dem barocken **Palazzo Sinčić**. Souvenirgeschäfte, Eisdielen und Restaurants wetteifern in dieser Straße um Aufmerksamkeit. Im Trubel kann man das gotische Haus, **Gotička kuča**, mit venezianischem Spitzbogenportal leicht übersehen. Ein Stück weiter steht das romanische Haus, **Romanička kuća**, aus dem 12. Jh. Die Straße endet am **trg Marafor**, dem ehemaligen Forum mit den Säulenresten eines Neptun geweihten Tempels. Der frühchristliche Komplex der **Euphrasius-Basilika** befindet sich nördlich des **Decumanus**. Von einem Atrium aus sind die Bauten aus den Epochen zwischen 5. und 6. Jh. zugänglich. Besuchenswert ist das **Lapidarium** mit seiner Sammlung frühchristlicher Exponate. Direkt gegenüber sind die Fundamente des **Maurus-Oratoriums** (5. Jh.) erhalten. Daneben erstrahlt die eigentliche **Basilika** (6. Jh.) im Glanz ihres Apsismosaiks. Einen guten Überblick über den Komplex gewährt der im 16. Jh. erbaute, 35 m hohe **Glockenturm** (April–Okt. tgl. 9.30–18.00, Juli/Aug. tgl. bis 21.00 Uhr).

Bar und Restaurants

Relativ eng geht es zu in der €€ **Konoba Aba**, doch die Küche ist sehr gut und der Service

Frisch: Jakobsmuscheln im Hafen von Novigrad

Tipp

Einputten mit Meerblick

Mit dem Golf Adriatic bei 03 **Savudrija** eröffnete 2009 Istriens zweiter Golfplatz, und er hat's in sich: Das 18-Loch-Green gilt als anspruchsvoller Platz, der dennoch den Fähigkeiten von Anfängern Rechnung trägt. Nach dem Spiel mit dem weißen Ball lockt ein Sprung in die nur wenige hundert Meter entfernte Adria.

Golf Adriatic, Alberi 300, Savudrija, Tel. 052 70 71 00, www.golf-adriatic.com

aufmerksam (M. Vlačića 2, Tel. 052 43 86 69). Mit einem schönen Blick über die Altstadt speisen Gäste auf der Terrasse des €€ **Peterokutna kula** (Decumanus 1, Tel. 052 45 13 78, www.kula-porec.com.hr). Nach dem Essen trifft man sich noch gern im **Saint & Sinner** (Obala maršala Tita 12, www.saint-sinner.net).

Hotel

Altstadtnah wohnen die Gäste des €€€ **Grand Hotel Palazzo**, eines renovierten k.u.k.-Baus an der Spitze der Landzunge (Obala maršala Tita 24, Tel. 052 85 88 00, www.hotel-palazzo.hr).

Erleben

Porečs schönste **Strände** säumen südlich die Buchten Plava und Zelena Laguna mit Fels- bzw. Kiesabschnitten. **Fahrräder** können Sie bei Rent a Bike leihen (Ive Andrića 52, Tel. 052 42 11 06).

Umgebung

Rund 8 km nach Nordosten lockt bei 05 **Nova Vas** die **Höhle Baredine** mit vielfältigen Tropfsteinformationen (Juli/Aug. 9.30–18.00, Mai, Juni, Sept. 10.00–17.00, April, Okt. 10.00–16.00, Nov. bis März 11.00–15.00 Uhr, Führung stdl., www.baredine.com).

Information

TO Poreč, Zagrebačka 9, Tel. 052 451293, www.to-porec.com

Infos

06 – 08 ROVINJ UND UMGEBUNG

Eine tropfenförmige Halbinsel, ein venezianischer Kirchturm, aneinander gedrängte Altstadthäuser: 06 **Rovinj** ▶TOPZIEL zählt zu den bekanntesten istrischen Fotomotiven.

Sehenswert

Die Altstadt mit ihren von Galerien und Läden gesäumten Gassen wie der **Grisia**, aber auch stillen Winkeln ist das Highlight von Rovinj. Am höchsten Punkt reckt die der **hl. Euphemia** geweihte barocke Kirche ihren Campanile in den Himmel. Den Platz **Titov trg** schmückt der barocke **Balbi-Bogen**, ein Rest der Stadtbefestigung. Am Hafenbecken zeigt die **Galerija Adris** Werke zeitgenössischer kroatischer Künstler (Obala V. Nazora 1, Sommer tgl. 18.00–23.00 Uhr, www.adris.hr).

Bar und Restaurants

Feinschmecker schwärmen von den Kreationen, die Danijel Bekić in seinem €€€€ **Restaurant Monte** drei Gault-Millau-Hauben eingebracht haben (Montalbano 75, Tel. 052 83 02 03, www.monte.hr). Lage und Blick konkurrieren mit mediterraner Küche im €€ **Puntunila** mit Terrassen über dem Meer (Sv. Križa 38, Tel. 052 813186). Kroatische Tapas serviert € **Segutra Tapas** (Vrata pod zidom 4, Tel. 052 81 20 04). Romantisch: ein Abend in der **Cocktailbar Valentino** auf mit Fackeln beleuchteten Felsen am Meer (Sv. Križa 28, Tel. 052 83 06 83).

Hotel

Flagschiff Rovinjs ist das €€€€ **Lone**, ein futuristischer Bau in puristischem Design, Traumstrand und allem Komfort (Luje Adamovića 31, Tel. 052 63 20 00, www.lonehotel.com). Charmant wohnen Sie in der €€ **Villa Tuttorotto** im Herzen der Altstadt (Dvor Massatto 4, Tel. 052 81 51 81, www.villatuttorotto.com).

Erleben

Freeclimber finden im ehemaligen Steinbruch auf der Halbinsel Zlatni rt (Goldenes Kap) 83 Routen und zum Abkühlen einen der schönsten Strände Rovinjs nur wenige Meter entfernt.

Umgebung

Im 07 **Limski fjord** (Limski zaljev) werden frische Muscheln und Austern gezüchtet. Die tiefe Bucht ist nur an ihrem Ostende über die Regionalstraße 21 zugänglich. Zwei Restaurants (Fjord und Viking, beide €€) verköstigen Besucher vor Ort. Zur mit Efeu und Brombeerranken überwucherten, gespenstisch wirkenden Ruinenstadt 08 **Dvigrad** geht es 28 km landeinwärts in Richtung Kanfanar. Diese Stadt wurde 1631 aufgegeben, weil die Pest wütete.

Ruinenstadt Dvigrad

Information

TZ, Pina Budićina 12, Tel. 052 81 15 66, www.tzg-rovinj.hr

09 – 10 GROŽNJAN UND UMGEBUNG

Das von seinen Bewohnern verlassene, von Künstlern wiedererweckte 09 **Grožnjan** ▶TOPZIEL ist das bekannteste der vielen Bergstädtchen Inneristriens.

Sehenswertes

Grožnjans Grundriss gleicht einem verzweigten Baum mit der **Ulica Umberta Gorjana** als Stamm. Am Ortseingang wachen ein **Kastell** und die barocke **Pfarrkirche**. Eine **Renaissanceloggia** und der barocke **Palazzo Spinotti-Morteani** empfingen am **Trg Lože** diejenigen, die Grožnjan durch das Nordosttor **Porta Grande** (15. Jh.) betraten. Von hier geht es gen Süden vorbei an Abzweigungen in lauschige Durchgänge und mit Blumen geschmückte Innenhöfe.

Restaurant

Deftige Küche bietet die € **Konoba Bastia** in der Ortsmitte (1. Svibnja 1, Tel. 052 77 63 70).

Veranstaltungen

Jeunesses musicales: Mai bis September erfüllen junge Leute mit klassischen Musikdarbietungen den Ort.

Umgebung

Einen Ausflug lohnt das weiter östlich auf einem Hügel gelegene 10 **Oprtalj**, wie Grožnjan eine Gründung der vorrömischen Illyrer.

11 – 12 MOTOVUN UND UMGEBUNG

Eine bessere Lage (277 m hoch über dem Tal des Flusses Mirna) gibt es nicht für eine Stadt (500 Einw.), die sich häufig verteidigen musste. Zwei Mauerringe sorgten für ihren Schutz. In den Wäldern um 11 **Motovun** gedeihen die kostbaren Trüffel.

Sehenswertes

Hinter dem äußeren Stadttor (14. Jh.) führt die **ulica Gradisiol** steil bergauf zum inneren Tor, durch das man den Hauptplatz mit dem **Kastell** betritt. Vom Platz haben Sie Zugang auf den inneren Ring der **Stadtmauer**, auf der Sie Motovun umrunden und den Blick über die grüne Landschaft bis hin zur glitzernden Adria genießen können.

Restaurant

Aussicht und feine istrische Spezialitäten verbindet die €€ **Konoba Pod Napun** (Gradisdiol 33, Tel. 052 68 17 67); Trüffelliebhaber kommen am eleganten Restaurant Zigante (siehe Tipp rechte Seite) nicht vorbei.

Umgebung

In 12 **Livade** am Fuß des Motovuner Hügels dreht sich alles um Trüffel. Wer frühmorgens im Herbst in der Region entlang des Flusses Mirna unterwegs ist, wird dort allerorten auf Trüffeljäger mit ihren Hunden treffen.

Information

TZ Motovun, Trg Andrea Antico 1, Tel. 052 681726, www.tz-motovun.hr

Tipp

Istriens grünes Herz

Auf der Straße von 09 **Grožnjan** nach 10 **Oprtalj** passiert man Weingärten, Felder und ein Bergdorf nach dem anderen: **Šterna** beispielsweise, dessen graue Steinhäuser sich um den hohen Campanile scharen, oder das kühn auf einem Fels erbaute **Završje** (Piemonte d'Istria). In Oprtalj lohnt ein kurzer Stadtbummel, bevor man in der Konoba Loggia (M. Laginje, Oprtalj, Tel. 052 64 42 66) aussichtsreich auf *fuži* (hausgemachte Nudeln) mit frischen Trüffeln einkehrt.

DuMont Aktiv

Auf der Bahntrasse durch Istrien

Istriens Nordwesten ist ein ideales Terrain für Gelände-Radler, nicht zuletzt dank der ehemaligen Trasse der Parenzana-Bahn: Über spektakuläre Viadukte und durch dunkle Tunnels verbindet sie das grüne Binnenland mit der Küste.

Die Bahn fuhr nur etwas mehr als 30 Jahre lang, 1932 wurden die Schienen abmontiert. Die teilweise sehr holperigen Passagen der zur Radstrecke umgebauten Trasse machen ein gutes Mountainbike zum Rad der Wahl.

Die Tour beginnt im slowenischen Izola mit einem Besuch des Parenzana-Museums, dann radelt man an den Salinen von Sečovlje vorbei und über die slowenisch-kroatische Grenze bis Volpia bei Buje (30 km). Die Casa Parenzana direkt an der Trasse ist eine beliebte Einkehr. Der folgende Abschnitt windet sich unterhalb des Bergstädtchens Grožnjan (37 km) nach Südosten bis zur Trüffelhochburg Livade im Mirna-Tal (57 km). Nun geht's in Richtung Küste und anschließend wieder bergauf bis Vižinada (77 km), mit ca. 260 m der höchste Punkt der Strecke. Danach radeln Sie flott bergab und erreichen bei Kilometer 95 Poreč und das Meer.

Auf schmaler Spur: Mit dem Zweirad ...

... durch das grüne Binnenland Istriens

WEITERE INFORMATIONEN

Startpunkt der knapp 100 km langen Radtour, die man am besten in zwei Etappen aufteilt, ist **Izola** in Slowenien, der **Endpunkt** ist **Poreč** in Kroatien.

Eine **Einkehr- und Übernachtungsmöglichkeit** findet man in der €€ **Casa Parenzana**, Volpia 3, Tel. 052 77 74 60, parenzana.com.hr

Tipp

Alles, was gut is(s)t

Giancarlo Zigante baute sich ein wahres Trüffel-Imperium auf. Als „Trüffel-König" betreibt er mehrere Feinkostgeschäfte und regen Export in alle Welt. Kein Wunder, dass die edle Knolle auch in seinem hoch gelobten und schon mehrfach ausgezeichneten Feinschmeckerrestaurant in **11** **Livade** eine Hauptrolle spielt – neben exquisitem Fleisch. Als Aromaspender veredeln Trüffel dort etwa das köstliche Carpaccio vom Istrischen Rind (Boškarin) mit Ricotta und Pferdebohnen.

€€€ **Restaurant Zigante**, *Livade-Levade 7, 52427 Livade, Tel. 052 664 302, www.restaurantzigante.com, im Winter tgl. 12.00 bis 22.00, im Sommer bis 23.00 Uhr*

13 – 14 BALE UND UMGEBUNG

Die historische Stadt **13** **Bale** auf einem Hügel im gleichnamigen Tal hat römische Wurzeln. Reizvoll ist neben dem architektonischen Erbe auch die noch relativ naturbelassene Küste.

Sehenswert

Im Zentrum erhebt sich der eindrucksvolle **Palazzo Soardo-Bembo** (15. Jh.). In der stimmungsvollen Altstadt werden zahlreiche Häuser gerade restauriert.

Restaurant und Hotel

Das charmante Boutiquehotel €€€ **La Grisa** in Bales Altstadt ist berühmt für sein exzellentes Restaurant, in dem u.a. Fleisch des Istrischen Rinds serviert wird (La Grisa 23, Tel 052 82 45 01, www.la-grisa.com).

Umgebung

Rund 12 km nordöstlich lockt das Renaissancestädtchen **14** **Svetvinčenat** mit einer eleganten Piazza und dem mittelalterlichen Kastell.

Markuslöwe und Doppeladler

Istriens Südosten ist im Gegensatz zur Westküste nicht auf venezianische Bilderbuchpanoramen abonniert – dafür findet sich hier mit Pula die einzige richtige Großstadt der Halbinsel. Die Donaumonarchie war in der Region ebenso prägend wie die Serenissima. Unabhängig von den jeweiligen Herrschern bewahrten Kirchen und Klöster im Hinterland das altkroatische Religions- und Kulturerbe.

Die Arena von Pula, ein römisches Amphitheater, gehört zu den größten und besterhalten Bauwerken dieser Art.

Von Fažana starten die Fährboote zu den Brijuni-Inseln.

Ruine der Kirche Sveta Marije auf Veli Brijun, der Hauptinsel des Archipels

Warten auf die nächste Fähre: In sozialistischen Zeiten war der Archipel für die Öffentlichkeit gesperrt, da Staatschef Tito hier seine offizielle Residenz hatte.

Von den 14 Inseln des Archipels ist nur die Hauptinsel Veli Brijun frei zugänglich. Zu besichtigen gibt es hier u.a. diese Ruinen einer römischen Villa aus dem 1. Jh.

Die Abenddämmerung senkt sich über den Hafen von Fažana; das letzte Ausflugsschiff zu den Brijuni-Inseln hat seine Ladung US-amerikanischer Touristen in die wartenden Busse entlassen. Veli Brijun, die größte Insel des unter Naturschutz stehenden Archipels vor der Südwestküste Istriens, verwandelt sich in einen durchsichtigen Schatten, der sich so ganz allmählich in der Dunkelheit auflöst. Irgendwo draußen blinken die Lichter von Kuttern, auf denen Fažanas Fischer auf Sardellenfang gehen. In der Konoba Stara gleich am Hafen wirft der Koch die frischen Fische auf den Grill. Rauchiges Knoblaucharoma weht herüber, doch Herr D. lässt sich nicht ablenken. Der istrische Geschäftsmann, der seinen Namen nicht öffentlich machen möchte, sieht Kroatiens Zukunft in etwa so düster wie Veli Brijuns Silhouette unter dem adriatischen Neumond. Die Arbeitslosigkeit ist hoch, berichtet er, vor allem unter Jugendlichen. Die Preise sind ebenfalls hoch, kaum jemand kann von einem Job allein leben. Einziger Hoffnungsträger sei der Tourismus, sagt Herr D. Läuft die Saison gut, dann herrscht zumindest im Sommer beinahe Vollbeschäftigung. Dann sprudeln auch die Steuereinnahmen, doch was die Regierung mit dem Geld macht, steht auf einem anderen Papier. „Schickt uns Angela!“ fleht Herr D. seine deutschen Gesprächspartner an. Eine eiserne Sparerin würde in Kroatien dringend gebraucht.

TOURISMUSBOOM MIT HINDERNISSEN

Es sind immer die gleichen oder ähnlichen Geschichten, die Istriens Unternehmer erzählen: Nach der Unabhängigkeit haben sie mit großem Elan zugepackt, Firmen aufgebaut, Handelsbeziehungen geknüpft. Aber viele Geschäfte laufen schlecht, blockiert durch alte Seilschaften, Korruption und Gesetze, die individuellem Engagement die Luft abdrehen. Zudem kaut man in Istrien noch an den Nachwirkungen der Manipulationen, mit denen der ehemalige Kärntner Landeshauptmann Jörg Haider und die Hypo Alpe Adria die Halbinsel beglückt haben. Die besten Filetstücke an der Küste gerieten durch freundschaftliche Zusammenarbeit lokaler Politiker mit ausländischen Wirtschaftsbossen in die Hände undurchsichtiger Konsortien. Zwischen Fažana und Pula sollte eine neue „Brijuni-Riviera“ entwickelt werden – in einem Naturschutzgebiet. Proteste verhallten ungehört. Das Land wurde um einige krumme Ecken weiterverscherbelt. Ein paar Lokalpolitiker sitzen inzwischen im Gefängnis.

Eines der Projekte, bei denen es zum Glück hakt, sind die Brijuni-Inseln – ein wirklich bezaubernder Archipel, der seit 1983 als Nationalpark unter strengem Naturschutz steht. Schon die Römer siedelten hier. Im 19. Jh. erkannte dann der österreichische Industrielle Paul Kupelwieser das touristische Potenzial, kaufte die Eilande und legte sie trocken – damals grassierte hier noch die Malaria. Die große Insel Veli Brijun wurde gerodet, bepflanzt und mit Hotels und Schwimmbad bebaut. Ein Golfplatz und ein Safaripark erweiterten das Angebot für betuchte Touristen. Als der Archipel nach dem zweiten Weltkrieg in Titos so-

Der Legende nach ist der Brijuni-Archipel der Rest des von Engeln geretteten Paradieses auf Erden.

Vor dem – auf einem hohen Podest am romanischen Forum in Pula stehenden – Augustustempel mit seiner tiefen, von Säulen gestützten Vorhalle und der quadratischen Cella neben dem Rathaus proben Einheimische eine Tanzvorführung.

Irischer Dichter in Istrien: James Joyce in Bronze vor dem Café Uliks (Ulysses), ...

... nur wenige Meter entfernt von dem im Jahr 30 v. Chr. errichteten, mit korinthischen Kapitellen und Reliefs geschmückten Sergier-Bogen (Slavoluk Sergijevaca)

Wie Rom, das einstige Zentrum des antiken Reichs, liegt auch Pula auf sieben Hügeln.

zialistische Arme fiel, erwählte der ehemalige Partisanenführer Veli Brijun zur Lieblingsresidenz. Nach der Unabhängigkeit Kroatiens öffnete das Paradies vor der Küste seine Tore für alle. Längst müssten die Hotels renoviert, die zu mietenden Luxusvillen neu ausgestattet werden; doch es scheint schwer, Investoren zu finden. Für Besucher ist das ein Glück: Veli Brijun wirkt trotz aller Eingriffe abgeschieden und friedlich. Dass der Putz schon blättert, ändert nichts am Charme des Eilandes.

PULA UNTER DEM DOPPELADLER

Mindestens ebenso prägnant über der Halbinsel wie der venezianische Markuslöwe schwebt der Habsburger Doppeladler. Überdeutlich prägt er Pula, wenngleich die meisten Besucher in der großen Hafenstadt an der Südspitze Istriens nur die eindrucksvoll erhaltene römische Arena würdigen. Pula war von 1867 bis 1918 Österreichs Kriegshafen, und um diesen zu sichern, wurden keine Kosten und Mühen gescheut. 26 Festungen, 68 Batterien sowie Schanzen, Tunnel und vieles andere mehr schützten in einem 40 000 Hektar großen Ring die Stadt. Zeitweise waren 51 000 Soldaten und über 1400 Offiziere in diesem Bollwerk stationiert. Doch angegriffen wurde Pula nie. Die meisten Anlagen bröckeln heute zwischen Macchia und Zistrosen vor sich hin. Fort Burguingon diente einige Jahre als Kulisse für eine deutsche TV-Soap, Fort Punta Christo empfängt regelmäßig die Rave-Gemeinde zu Festivals oder besonderen Events, in Fort Verudela sind Aquarien und Fische eingezogen – aber was soll Pula mit den restlichen 23 Forts, mit Unterkünften und Kasernen anfangen? Keine Gemeinde könnte die zur Renovierung nötigen Kosten stemmen.

JAMES JOYCE – VERKANNTES GENIE IM MARITIMEN SIBIRIEN

An seinem Kaffeetischchen gleich neben dem römischen Sergier-Bogen, der von Pulas Altstadt hinausführt in die neueren Bezirke, wirkt der bronzene James Joyce ganz entspannt. In Pula möchte man den irischen Schriftsteller nachvollziehbarerweise lieber so in Erinnerung behalten denn als ewig unzufriedenes, sich in diesem „maritimen Sibirien" verkannt fühlendes Genie. Glücklich war der Autor des „Ulysses" nicht in dieser Stadt, in der er in den Jahren 1904 und 1905 österreichische Marineoffiziere in Englisch unterrichtete. Istrien sei ein „langweiliger Fleck, bevölkert von ungebildeten Slawen mit kleinen roten Kap-

Südöstlich von Pula mündet Istriens Südspitze in das Kap Kamenjak, ein Paradies für Segler ...

... und Naturliebhaber, welche die wildromantische, von Macchia überzogene Felslandschaft ebenso zu schätzen wissen wie die schönen kleinen Buchten mit ihrem glasklaren Wasser.

Am südlichsten Punkt der Halbinsel Kamenjak kann man in der Safari Bar bei Lounge-Musik, Drinks und Snacks in den Tag hinein träumen.

Fahrradtour auf der Halbinsel Kamenjak: So kann man Istriens wilden Süden am besten erkunden.

Special DIE RÖMER IN ISTRIEN

Panem et circenses

Das Amphitheater in Pula ist das imposanteste Zeugnis römischen Herrschaftsanspruches über Istrien. Dabei hatten die Römer lange nur geringes Interesse an der Halbinsel. Das römische Reich näherte sich Istrien nur zaghaft. Wirklich erschlossen wurde es erst unter Gaius Iulius Caesar ab 58 v. Chr. Er verteilte Land an Veteranen und ließ den Widerstand der Einheimischen brutal brechen. Unter Kaiser Augustus um die christliche Zeitenwende galt Istrien dann schon als Teil des römischen Reiches. Er war es auch, der dem heutigen Pula das Amphitheater schenkte. 23000 Zuschauer fanden darin Platz. Die römischen Bewohner der Stadt müssen wohlhabend gewesen sein. Wie sonst hätte sich die Familie der Sergier den um 25 n. Chr. errichteten Sergier-Bogen leisten können, einen Triumphbogen, mit dem sie sich selbst feierte?

Auch das 178 v. Chr. zerstörte, histrische Nesaticum, 10 km von Pula entfernt, nahm schon bald römische Lebensart an. Der gesamte westliche und südliche Küstenstreifen trägt ebenso wie die Brijuni-Inseln Erinnerungen an Roms Herrschaft in Form von Hafenbefestigungen, Thermenanlagen und Villae rusticae. Doch ab dem 4. Jh. zerfiel das Reich, und ab dem 6./7. Jh. kamen andere Eindringlinge: Slawen siedelten sich an. Die römischen Bauten dienten künftig als Steinbruch.

Gewaltig: Pulas Amphitheater

Dass Pulas Amphitheater trotzdem überdauert hat, ist wohl der Legende zuzuschreiben, Riesen hätten das monumentale Oval errichtet. An deren Werk vergriff man sich besser nicht.

pen und riesigen Breeches“, schrieb er zu Silvester 1904 an eine Bekannte, und das heutige Pula „ein gottverlassener Fleck“. Das würde er nun vermutlich nicht wiederholen: Heute ist Pula quicklebendig, die Stadt vibriert geradezu und ist nicht in der Vergangenheit stehen geblieben. Im Gegensatz zu vielen anderen Küstenorten sieht man Pula an, dass hier bodenständig gearbeitet wird. Werften und Bauunternehmen stellen weitaus mehr Jobs als der Tourismus.

DAS KULTURELLE HERZ ISTRIENS

Auch Labin, weiter nördlich an der Ostküste über der tief eingeschnittenen Bucht von Rabac gelegen, besitzt trotz seiner von steilen Gassen durchkreuzten malerischen Altstadt einen eher werktätigen Charme. Die Region ist reich an Bodenschätzen, weshalb bis in die 1970er-Jahre aus dem Berg unter Labins Altstadt Kohle gefördert wurde. 1921 stellten sich die Kumpel den italienischen Besatzern entgegen und riefen die Labiner Republik aus. Nach 30 Tagen war das Experiment der Selbstverwaltung beendet, doch es ging als erster antifaschistischer Aufstand in die Geschichtsbücher ein. Italien war 1921 zwar noch eine parlamentarische Monarchie, aber der Schatten Mussolinis, der ein Jahr später den ersten Schritt zur Macht

Die Konoba Batelina in Pula wurde im Jahr 2014 zum besten Restaurant Istriens gekürt. Vater Danilo ist für die traditionelle Fischküche zuständig, Sohn David (unten rechts) experimentiert erfolgreich mit Adria-Sushi.

An der Bucht von Rabac unterhalb von Labin drängen sich Ferienhäuser und Hotels in steilen Terrassen die Hänge hinauf. Im Scheitel der Bucht führt die Standpromenade an einem schönen Kiesstrand entlang.

Wegen seiner malerischen Lage mit Blick auf die Insel Cres entwickelte sich Rabac schon früh zu einem beliebten Badeort.

tun sollte, zeichnete sich nicht nur im besetzten Istrien bereits ab.

Über winzige Dörfer wie Kršan, Pičan und Gračišće, die sich um mittelalterliche Plätze und archaische, mit Fresken geschmückte Kirchen scharen, führt eine Straße durch Wälder und Felder in Istriens Herz: Mitterburg nannten es die Österreicher, Pisino die Italiener, Pazin die Kroaten. Seit alters her gelten Burg und Stadt als Mittelpunkt Istriens; hier tagte traditionell das istrische Parlament, der Sabor, und heute ist Pazin Sitz der *župa* (Gespanschaft), der Verwaltungseinheit Istrien, wenngleich Pula die Wirtschaftskapitale ist.

DANTE UND JULES VERNE

Pazin, erbaut aus grauem, istrischen Kalkstein, fungiert auch als kulturelles Zentrum der Region. Vladimir Nazor, Kroatiens bedeutender Poet, hat hier am Gymnasium in den Jahren 1903 bis 1906 unterrichtet, die Stadtbibliothek betreibt ein ambitioniertes Programm mit Lesungen junger Autoren, und die Gemeinde leistet sich ein Literaturhaus, die Kuća za pisce, in dem Schriftsteller aus aller Herren Länder mit einem Stipendium versehen jeweils einen Monat wohnen und arbeiten können.

Geradezu bizarr wirkt die Lage des Kastells, dessen Grundstein bereits im

Etwa 320 m hoch über der Bucht von Rabac liegt Labin, eine der am besten erhaltenen istrischen Bergstädte (oben links ein Blick ins Stadtmuseum; darunter das von schmalen, steilen Gassen durchzogene Häuserlabyrinth der Altstadt mit dem heute das Stadtmuseum beherbergenden Barockpalast Battiala-Lazzarini). Das auf einem 150 m hohen Hügel zu Füßen des bewaldeten Ćićarijamassivs gelegene Buzet ist ein beliebter Ausgangspunkt für Paraglider (oben rechts), da es hier gleich vier Startplätze – passend für jede Windrichtung – gibt. In den umliegenden Wäldern suchen Trüffeljäger (unten rechts: Daniala Puh mit ihrer treuen vierbeinigen Gefährtin) nach der Edelknolle.

10. Jh. gelegt wurde – aus dieser Zeit datiert die erste Erwähnung eines Castrum Pisinum. Es thront über der 130 Meter tief eingeschnittenen Schlucht des Flusses Pazinčica, der direkt unter der Burg in einem Schluckloch verschwindet und seinen Weg unterirdisch fortsetzt. Ans Tageslicht kommt die Pazinčica irgendwo im Tal des Flusses Raša, 15 bis 20 Kilometer Luftlinie von Pazin entfernt. Dieses Karstphänomen konnte bis heute nicht abschließend erforscht werden – zu gefährlich wäre es, dem Fluss auf seinem Weg durch den Untergrund zu folgen. Und es hat die Fantasie vieler beschäftigt. Jules Verne, der seinen Grafen Mathias Sandorf 1885 auf eben diesem Weg durch die Höhle aus dem Paziner Kastell flüchten ließ, war nicht der einzige. Vladimir Nazor ließ sich von den um den Schlund kreisenden Legenden zu seinem Roman „Veli Jože" inspirieren. Das fantasievollste Zeugnis der Karstwelt unter dem Kastell legte Dante Alighieri ab – der düstere Felsspalt soll ihm als Vorbild für die Höllenpforte seiner Divina Commedia gedient haben.

Istrien ist ein „Italien, das nicht Italien ist", meinte der italienische Filmregisseur Pier Paolo Pasolini.

GRAFFITI FÜR GOTT

Pazin war nicht nur Mittelpunkt des unter österreichischer bzw. Habsburger Herrschaft stehenden Istriens, es war auch ein Zentrum der glagolitischen Kultur. Die von Steinskulpturen gesäumte Straße der Glagoliter zwischen Roč und Hum erinnert daran. Mit der Glagolica, einer Weiterentwicklung des griechischen Alphabets, fasste der Slawenapostel Kyrill im 9. Jh. altkroatische Kirchentexte in Schriftform. In den Klöstern Kroatiens wurde diese Schrift lange überliefert. Ihre Verbreitung ging einher mit der Blüte einer reichen Buchkul-

Laut Guinness-Buch der Rekorde ist Hum die „kleinste Stadt der Welt“.

Der Abstieg in die Schlucht von Pazin sollte nur mit einem kundigen Guide erfolgen und ist auch dann nicht ungefährlich – bei Regen kann das Wasser hier abrupt ansteigen.

Mit Haken und Ösen an der Zip LIne, einer Seilrutsche, befestigt, gleiten Mutige gefahrlos über die 220 m lange Schlucht von Pazin.

Glockensammlung im – im Kastell untergebrachten – Stadtmuseum von Pazin

Totentanz-Fresko (1474) im Friedhofskirchlein Sv. Marija na Škriljinah in Beram: ein einzigartiges Memento mori mit 46 gotischen Darstellungen von Meister Vinzent aus Kastav

Die geografische Lage im Herzen der istrischen Halbinsel brachte Pazin einst seinen deutschen Namen „Mitterburg" ein.

tur, deren Schätze einige Konvente heute noch hüten. Im sozialistischen Jugoslawien, das die Klöster nicht förderte, geriet die Glagolica fast in Vergessenheit. Immerhin setzte Leoš Janáček der Sprache ein klingendes Denkmal mit seiner in den Jahren 1926 und 1927 entstandenen Glagolitischen Messe (Missa solemnis) für Soli, gemischten Chor, Orgel und Orchester. Den glagolitischen Text dafür bekam der tschechische Komponist von einem Prager Philologen, und Janáček war so von dieser Sprache fasziniert, dass er sie seiner Komposition zugrunde legte.

Die Kroaten besannen sich erst in der zweiten Hälfte des 20. Jhs. wieder mehr auf ihr Erbe und setzten sich nun auch künstlerisch damit auseinander. Damals entstand die Allee, an der man die sechs Kilometer zwischen den beiden mauerbewehrten Städtchen wunderbar entlang wandern und dann in der ländlichen Konoba Humska zu einem Lammgericht aus der Peka und aromatischem Biska-Schnaps einkehren kann.

BIBLISCHES BILDERBUCH

Wie lebendig die Glagolica in früheren Zeiten war, lässt sich an der wunderbaren Friedhofskirche Sv. Marija na Škriljinah (hl. Maria im Fels, auch: hl. Maria auf Steintafeln) unweit des Dorfes Beram im wahrsten Sinne des Wortes ablesen. Denn das überreich mit Fresken ausgemalte Gotteshaus, in dem die Heiligen Drei Könige durch ein istrisches Landschaftstableau nach Bethlehem reiten, Szenen aus dem Leben Jesu und Maria sowie verschiedene Heilige und Kirchenväter dargestellt werden, birgt auch Glagolica-Graffiti. Dieses kunterbunte, biblische Bilderbuch, heute ein kostbares Zeugnis naiver Renaissancemalerei, diente vor rund 500 Jahren als eine Art „schwarzes Brett", auf dem die damaligen Mönche ihre Kommentare hinterließen. „Du Esel, schlag diesen heiligen Mann nicht", kritzelte da zum Beispiel jemand in Glagolica neben die Geißelung Christi.

Interessant ist auch die Gestaltung von Jesus Christus über der Eingangstür des von einer Vorhalle mit Säulen gestützten Kirchleins: Er scheint die Betrachter immer anzusehen, egal, von welcher Seite man ihn betrachtet.

STADT DER TRÜFFEL

Auch Buzet mit seinen auf einem kegelförmigen Hügel hoch über dem Mirna-Tal stehenden Patrizierhäusern war seit dem 9. Jh. gemeinsam mit den Städtchen Hum und Roč ein Zentrum der glagolitischen Schrift. Heute wird Buzet auch „Stadt der Trüffel" genannt – in den umligenden Wäldern gedeiht die Edelknolle ganz besonders gut.

MULTIKULTI

Viele Völker, viele Sprachen, eine Halbinsel

Venezianischer Markuslöwe kontra istrische Ziege – die beiden Wappen, die das Schicksal Istriens bestimmten, könnten nicht geschickter gewählt sein. Hier das stolze, schöne Raubtier, das herrscht, dort das genügsame, anpassungsfähige Nutzvieh, das mit wenig bis nichts zufrieden ist; hier die Italiener, dort die Slawen. Doch die Gegensätze sind vordergründig, dahinter entwickelte sich eine multikulturelle Gesellschaft: die istrische nämlich.

Man muss nur die Ortsschilder lesen, um zu erkennen, dass die Halbinsel Istrien ethnisch, sprachlich und kulturell mindestens zweigeteilt ist: Novigrad (Cittanova) steht da oder Vrsar (Orsera). Die Besiedlung durch Slawen wie Italiener ist uralt. Lange hielt sich jedes Volk an seine Seite – die Italiener, damals Beamte, Händler und Seeleute aus Venedig, bewohnten die Küstenregionen; Slowenen und Kroaten bestellten als Bauern das Binnenland. In den Kontaktzonen vermischten sich die Volksgruppen miteinander und mit jenen, die wirtschaftliche Not, Krieg oder Krankheiten aus ihrer Heimat vertrieben hatten, so die aus Rumänien stammenden Ćiribirci oder Tschitschen. Allein die Zahl der in Istrien gesprochenen Dialekte, die von Linguisten zum Teil als eigenständige Sprachen behandelt werden, ist erstaunlich: Da wäre das Tschakawische (Čakavsko), die lokale Variante des Kroatischen, dann das Istro-Romanische (Istrioto), das der in Pula geborene Journalist Guido Miglia als „Dialekt voll Musik, ähnlich jenem, den man von den Balkonen um den Rialto hören kann" beschrieb. In einigen Dörfern wird von Einwanderern aus dem Kosovo albanisch gesprochen, auf der Hochebene

Amtssprache in Istrien ist Kroatisch, das zur Gruppe der südslawischen Sprachen gehört, geschrieben wird offiziell in lateinischer Schrift.

Beim mittelalterlichen Stadtfest von Buzet besinnen sich die Istrer auf ihre ureigene Tradition. Geprägt wird die Gesellschaft aber heute von einer multikulturellen – mindestens zweisprachigen – Gegenwart.

der Čičarija hat sich der istro-rumänische Duktus der Tschitschen erhalten, in der Ortschaft Peroj siedeln Montenegriner, und in Pula parlieren einige ältere Herrschaften nach wie vor gepflegtes Österreichisch.

Liest man in den literarischen Liebeserklärungen des istrischen Autors Fulvio Tomizza an seine Heimat, erscheint das multikulturelle und friedliche Istrien des 19. Jhs. wie die Vision eines künftigen Europa. Doch der Frieden währte nicht ewig. Als die politische Ordnung mit dem Ende der Habsburger Herrschaft zu bröckeln begann, kamen auch Istriens Völker in Bewegung und entwickelten Nationalbewusstsein. Mal vergaß der eine, mal der andere die jahrhundertealte Toleranz. Als Italien die Halbinsel 1918 besetzte, untersagte man auf Ämtern und in Schulen das Sprechen slawischer Dialekte und italisierte slawische Namen. 1943, als jugoslawische Partisanen die italienischen Faschisten besiegten, setzte ein Exodus der Italo-Istrer ein, der Städte wie Pula fast entvölkerte. Istrien, das 1900 noch knapp 350 000 Einwohner gehabt hatte, zählte nach den Vertreibungen nur noch die Hälfte.

Heute scheinen die Wunden dieser Ausgrenzungen geheilt. Von den inzwischen wieder 300 000 Istrern gehören 70 % der kroatischen, 25 % der slowenischen und 5 % der italienischen Bevölkerungsgruppe an. Beim Einkaufen auf dem Markt hört man Kunden und Händler ebenso häufig Istriotisch wie Čakavsko miteinander verhandeln. Die Italiener genießen Minderheitenrechte, was in den mehrsprachigen Orts- wie Amtsschildern und in der Verwendung des Italienischen als zweite Amtssprache zum Ausdruck kommt. Zudem erweist sich das italienische Element als touristisch besonders attraktiv: Das trifft nicht nur auf venezianische Städtchen, sondern auch auf Küche und Lebensart zu. Die kroatischen Istrer haben den *korzo* assimiliert und bummeln ebenso gerne die Uferpromenaden auf und ab wie ihre italienischen Landsleute. Und viele, die eigentlich slawischer Herkunft sind, schmücken sich mit italienischen Namen. Sehr zum Unwillen Fulvio Tomizzas, der stolz von seinem Heimatdorf Materada berichtet, es habe „den Charakter eines Istrien bewahrt, das sehr verschieden ist von dem offiziellen – venezianischen – Istrien". Dieses Istrien gilt es zu suchen: Auf dem Wochenmarkt von Pazin, wo Bauern und Händler aus allen Teilen der Halbinsel zusammenkommen, um ihre Geschäfte zu tätigen. Beim Treffen der Harmonikaspieler in Roč oder zur Jakovlja in Kanfanar, wo der traditionelle Dudelsack, *mih*, geblasen wird. Oder aber auf den Spuren Fulvio Tomizzas, in dessen Romanen es sich spiegelt.

LITERATURTIPP

Fulvio Tomizzas Romane „Materada" und „Eine bessere Welt" erzählen beide von Istrien in den Umbruchjahren zwischen dem Ersten Weltkrieg und den 1950er-Jahren, sind aber derzeit nur noch antiquarisch zu bekommen.

Maßstab 1:310.000
0
3
6km
01
02
03
04
05
06
07
08
09
Nacionalni park Brijuni
Brijuni
Veli Brijun
Fažana
Vodnjan
PULA
Arena
Medulin
Premantura
Ližnjan
Labin
Rabac
Kršan
Plomin
Pazin
Beram
Buzet
Roč
Hum
Motovun
Rovinj
Bale
Barban
Marčana
Žminj
Kanfanar
Svetvinčenat
Višnjan
Opatija
Lovran
Rijeka
Matulji
Kastav
Mošćenička Draga
Učka
Tunel Učka 5062m
Riječki Zaljev
Kvarner
Vela vrata
Srednja vrata
Limska draga
Limski zaljev
Jadranska Magistrala
Istarske Toplice
Grožnjan
Zračna luka Pula
Rt Kamenjak
Crna Punta
Rt Sv. Andrija
Rt Mašnjak

Dino-Spuren, Gladiatoren-Kerker und Windsurf-Spots

Istriens Südspitze rund um die Hafenstadt Pula verbindet kulturelle Highlights wie das antike Amphitheater mit idyllischen Naturlandschaften wie dem Brijuni-Archipel.

Gelateria an der Hafenstraße Riva in Pula

01 FAŽANA UND BRIJUNI-INSELN

Fažana (3000 Einw.) wirkt, als sei hier die Zeit stehen geblieben. Nur tagsüber, wenn Reisegruppen die Fähre nach Veli Brijun besteigen, dem größten Eiland der **Brijuni-Inseln** ▶TOP-ZIEL, kommt Hektik auf.

Sehenswert

Fažana bietet nichts Spektakuläres: An der schattigen **Uferpromenade** oder vor der **Kirche Sv. Kuzme i Damjana** sitzen die Alten und plaudern; ein paar Fischer fahren hinaus oder kehren zurück. Nichts lässt vermuten, dass in dem kleinen **Hafen** schon Persönlichkeiten wie Sophia Loren, Richard Burton oder Königin Elisabeth II. begrüßt wurden. Sie alle besuchten **Veli Brijun**. Auf dieser ab Ende des 19. Jhs. für den Kurtourismus erschlossenen Insel besaß der damalige jugoslawische Präsident Tito ab 1947 einen Sommersitz. Die Überreste eines **jungsteinzeitlichen Dorfes** in der **Bucht Javorika** sowie Fundamente einer römischen **Villa Marittima** in der **Bucht Verige** führen weit zurück in die Geschichte. Ein byzantinisches **Castrum** (5. Jh.) und mehrere **altkroatische Kirchen** bezeugen die kontinuierliche Besiedelung. Der touristischen Erschließung durch Paul Kupelwieser Ende des 19. Jhs. sind die Hotels und der **Safari-Park** zu danken. Reizvoll ist die teils gestaltete, teils naturbelassene Landschaft von Veli Brijun mit ihren Wäldern aus Steineichen und Erdbeerbäumen. Bei den Führungen fährt man mit einer Touristenbahn zu den Sehenswürdigkeiten (Abfahrt der Schiffe und geführte Rundfahrt in der Saison stündlich). Wer die Insel lieber auf eigene Faust besichtigen möchte, der kann an der Anlegestelle Golf-Carts oder Fahrräder leihen.

Restaurant/Hotel

Mit Blick auf den Hafen von Fažana wohnen Sie in der **€€ Villetta Phasiana**, einem historisch möblierten Stadthaus (Trg Sv. Kuzme i Damjana 1, Tel. 052 52 05 58, www.villetta-phasiana.hr). Die **€ Konoba Stara** hat sich mit authentischer istrischer Küche einen Namen gemacht (Trg stare škole 1, Tel. 0 52 52 18 10).

Erleben

Eine Lizenz für **Tauchgänge** im Nationalpark besitzt z. B. das Diving Centre Shark (Autocamp Medulin, Osipovica 33, Tel. 052 89 42 741, www.de.diving-shark.hr).

Information

Nationalpark Brijuni, Fažana, Tel 052 52 58 83, www.brijuni.hr

02 PULA

Die Hafenstadt mit ihren heute rund 57 000 Einwohnern liegt an einer tiefen Bucht. Unübersehbare Landmarke ist das römische Amphitheater. Die Altstadt schmiegt sich in einem Bogen um den Hügel mit dem Kastell.

Sehenswert

Pulas im 1. Jh. erbautes **Amphitheater** zählt mit 35 m Höhe und 135 m auf 105 m messender Ellipse zu den größten des Römischen Reiches. Im Untergeschoss, wo einst Gladiatoren auf ihren Auftritt warteten, erläutert heute eine Ausstellung die Geschichte der Olivenölgewinnung (Juli/Aug. 8.00–24.00, Mai, Juni, Sept. bis 21.00, April bis 20.00, Okt.–März bis 17.00 Uhr). Die **Kandlerova ulica** führt vorbei am **Dom Sv. Marije** mit Renaissancefassade und einem präromanischen Sarkophag als Teil des Altars. Das ehemalige Forum ist auch heute Mittelpunkt der **Altstadt. Der elegante Augustustempel** (1. Jh.) und die im **Rathaus** sichtbaren Fundamente des **Dianatempels** kontrastieren mit der Barockbebauung des Platzes. Wo sich die **Ulica Segijevaca** etwas weitet, verbirgt sich in einem Wohnhaus das **Bodenmosaik der „Bestrafung der Dirke“** (3. Jh.). Die Straße endet am **Triumphbogen der Sergier** (29 v. Chr.). **Giardini** heißt die **Flaniermeile** durch die **Neustadt**, die östlich des Kastellhügels nach Norden zur **Porta Gemina** und zum **Archäolo-**

Tipp

Alles Ziege oder was?

200 Ziegen knabbern rund um die Stancija Kumparička bei Krnica an Kräutern. Aleš Winkler, ein früherer Rechtsanwalt, hat den 600 Jahre alten Hof zufällig entdeckt, gekauft und hält nun dort Ziegen. Bei Aleš ist alles bio, was man bei dem mit Thymian oder anderen Kräutern gewürzten Frisch- und Hartkäse auch durchaus herausschmeckt. Inzwischen beliefert der passionierte Hobby-Landwirt Spitzengastronomen zwischen Umag und Rovinj.

Stancija Kumparička, bei Krnica, Mobil-Tel. 099 66 90 692, Verkaufsstand auf dem Markt von **02 Pula**.

Tipp

Blaufisch für Gourmets

David Soko von der **Konoba Batelina** ist einer der kulinarischen Shootingstars in Istrien. Was sein Vater Danilo (Abb. oben) in der Nacht zuvor gefangen hat, serviert der Sohn als Gourmetsensation. Denn in der Konoba steht nicht der „weiße“ Edelfisch im Vordergrund, sondern der meist als minderwertig betrachtete „blaue“: also Sardellen, Anchovis, ja sogar Aal. 2014 wurde die Batelina zum besten Restaurant Kroatiens gewählt!

€€€ Konoba Batelina, *Cimulje 25, Banjole bei* **02 Pula**, *Tel. 052 57 37 67, nur abends; Reservierung erforderlich*

Infos

Werft Uljanik in Pula: Lichtinstallation „Leuchtende Giganten" des Lichtdesigners Dean Skira

gischen Museum führt (wg. Renovierung bis auf Weiteres geschl.). Lohnenswert ist ein Abstecher zu Pulas **Markt tržnica** am **Narodni trg** mit seiner historischen Markthalle. Südlich der Stadt, auf der Halbinsel **Verudela**, beherbergt das **österreichische Fort Verudela** ein interessantes **Aquarium** (Okt.–März 10.00–16.00, April, Mai 10.00–18.00, Juni, Sept. 9.00–20.00, Juli, Aug. 9.00–22.00 Uhr, www. aquarium.hr).

Café und Restaurant

Wie bei Muttern fühlen sich die Gäste der € **Vodnjanka** dank der schnörkellosen istrischen Küche (Vitezića 4, Tel. 052 21 06 55). Ins € **Kunstcafé Cvajner** zu Kaffee und Kuchen zu gehen, ist Tradition in Pula (Forum 2).

Hotels

Strand und Stadt kombiniert das luxuriöse €€€€ **Park Plaza Histria** (Verudela 17, Tel. 052 59 00 00, www.arenaturist.com). Gleich neben der Arena wohnen Sie im schicken €€ **Hotel Amfiteatar** sehr zentral (Amfiteatrska 6, Tel. 052 37 56 00, www.hotelamfiteatar.com).

Information

Info Point, Forum 3, Tel. 052 21 91 97, www.pulainfo.hr

03 MEDULIN

Die Stadt ist Mittelpunkt des Feriengebiets an der Südspitze Istriens. Hier franst die Küste in zahllosen Kaps, Buchten und Inselchen aus – ein Paradies für Wasserratten.

Sehenswert

Die **Halbinsel Kamenjak** reckt sich vom Badeort Premantura aus rund 3,5 km nach Südosten. Sie steht als Naturpark mit seltenen Orchideen und einer kleinen Kolonie von Mönchsrobben unter Schutz. In den Küstenfelsen im Nordwesten haben Dinosaurier ihre dreizehigen Spuren hinterlassen. Mit einem robusten Rad kann man schöne Touren unternehmen und diese dann mit einem Bad im glasklaren Meer beschließen.

Restaurant

Die € **Safari Bar** auf der Halbinsel Kamenjak besteht aus Sperrmüllinventar und Schilfhütten. In diesem urigen Ambiente schmecken Čevapčići oder Sardinen vom Grill (nur im Sommer).

Information

TZ Medulin, Centar 223, Tel. 052 577145, www.istra-medulin.hr

04 RABAC UND LABIN

Das historische Labin (7000 Ew.) hoch über der Küste und der Ferienort Rabac (1400 Ew.) bilden eine Gemeinde. In Labin lebte man bis in die 1960er-Jahre vom Kohlebergbau; heute ist der Tourismus an dessen Stelle getreten.

Sehenswertes

Die am Hang gelegene **Altstadt** von Labin betritt man durch das **Uskokentor** (16. Jh.). Die **ulica 1. Maja** führt steil bergauf, vorbei an der mit einem Markuslöwen geschmückten **Renaissancekirche Sv. Marije** und dem barocken **Palazzo Battiala-Lazzarini** (Volkskundemuseum, Juni–Sept., Mo.–Sa. 10.00–13.00 Uhr). Von der Spitze eines 35 m hohen **Wachtturms** eröffnet sich ein schöner Blick über die Altstadt bis zum Meer (Sommer tgl. 9.00–14.00, 15.00–19.00 Uhr).

Restaurant/Hotel

€€ **Due Fratelli** gilt als eine der besten Adressen für frische Fischküche (Montozi 6, Tel. 052 85 35 77). In der €€€ **Villa Annette** finden Individualisten angenehme Unterkunft (Raška 24, Tel. 052 88 42 22, www.villa-annette.com).

Information

TZ, Aldo Negri 20, Tel. 052 85 55 60, www.rabac-labin.com

05 – 06 PAZIN UND UMGEBUNG

05 **Pazin** (4300 Einw.) gehörte ab dem Jahr 1273 zum Habsburger Herrschaftsbereich. Ungewöhnlich ist die Lage auf einem Karstplateau oberhalb einer Schlucht der Pazinčica.

Sehenswert/Museum

Das mächtige **Kastell**, dessen Wurzeln bis ins 10. Jh. zurückreichen, beherrscht die **Altstadt**. Sein heutiges Aussehen erhielt es allerdings erst um das 16. Jh. herum. Das darin untergebrachte **Ethnographische Museum Istriens** zeigt Trachten, Arbeitsgerät und archäologische Funde (Di.–Do. 10.00–15.00, Fr. 11.00 bis 16.00, Sa./So. 10.00–16.00 Uhr). Ein **botanischer Lehrpfad** führt vom Schluchtrand (unweit des Hotels Lovac) hinunter bis zum Eingang der **Paziner Höhle** (Pazinska jama). Tafeln erläutern die Botanik und charakteristische Karstphänomene (Besichtigung nach Anmeldung bei Speleološko društvo Istra, Mobil-Tel. 091 51 21 528, www.pazinska-jama.com).

Tipp

Aus luftiger Höhe

Schwindelfrei sollte man sein, wenn man auf der ZIP-Line, einem quer über den Abgrund gespannten Drahtseil hängend, in 100 Metern Höhe über der Schlucht dahinrasen will. Ein herrliches Abenteuer!

ZipLine, 4 Strecken mit 220, 280 und zweimal 80 Metern, Start unterhalb des Hotels Lovac in 05 ***Pazin****, Mobil-Tel. 091 54 37 718, Mai–Sept. tgl. 12.00 bis 20.00 Uhr*

Umgebung

Rund 6 km nordwestlich von Pazin verbirgt sich unweit des Dorfes **06** **Beram** die gotische **Kirche Sv. Marija na Škriljinah** (hl. Maria im Fels oder auch hl. Maria auf den Steintafeln) in einem Wäldchen. 1474 malte sie ein Meister Vincenc aus Kastav mit Fresken aus. Szenen aus Altem und Neuen Testament, ein Totentanz und der Ritt der Heiligen Drei Könige durch istrische Landschaft sind in bunten Farben festgehalten (den Schlüssel zur Wallfahrtsstätte bekommt man in Haus 38 neben der Kirche).

Information

TZ, Franine i Jurine 14, Tel. 052 62 24 60, www.tzpazin.hr

07 – 09 BUZET UND UMGEBUNG

Neben Livade gilt **07** **Buzet** als Zentrum der Trüffeljäger. Die Siedlung empfängt Besucher mit einem Markuslöwen am Stadttor und ist ein guter Ausgangspunkt für Touren in die Umgebung.

Restaurant/Hotel

Nicht nur Trüffelgerichte serviert das romantische **€€ Vela Šterna** im Herzen der Altstadt (Vela Šterna 7, Mobil-Tel. 097 79 66 672). Von den geschmackvoll gestalteten Zimmern des **€€ Hotels Vela Vrata** eröffnet sich ein weiter Blick über die Hügel (Šet. Vladimira Gortana 7, Tel. 052 52 49 47 50, www.velavrata.net).

Shopping/Erleben

Im Laden **Zigante Tartufi** erwartet Sie ein breites Trüffelsortiment (Trg Fontana, zigantetartufi.com). Mit Goran Karlić können Sie auf Trüffeljagd gehen (Karlić Tartufi, Paladini 14, Tel. 052 66 73 04, www.karlictartufi.hr).

Umgebung

08 **Roč** 8 km östlich verbirgt sich hinter mächtigen Mauern, ein Werk der Venezianer aus dem 15. Jh. Sollte die Kirche Sv. Bartula geöffnet sein, lohnt ein Blick in die mit Fresken ausgemalte, romanische Kapelle Sv. Roka. Von Roč führt die 7 km lange, von modernen Steinskulpturen gesäumte Allee der Glagoliter nach **09** **Hum**: Die mit 30 Einwohnern „kleinste Stadt der Welt" 14 km nordöstlich von Pazin ist wie Roč ein hübsches Städtchen mit Mauer, eindrucksvollem Stadttor und schmalen Gassen. Nordöstlich von Buzet erhebt sich das nahezu senkrecht abfallende, heute bei Paragglidern beliebte Karstplateau der Ćićarija.

Information

TZ, Šet. Vladimira Gortana 9, Tel. 052 66 23 43, www.tz-buzet.hr

DuMont Aktiv

Im Bora-Rausch vor Kamenjak

Wenn Wassersportler wie Kajakfahrer oder Segler lieber in den schützenden Hafen einlaufen, weil Bora aufkommt, schlägt die Stunde der Windsurfer. Mit dem wilden Fallwind haben sie den größten Spaß.

Weil der aus Nordosten wehende Wind rund um die Halbinsel Kamenjak besonders heftig toben kann, haben hier gleich mehrere Windsurf-Center ihre bunten Segel und Bretter in Reih und Glied aufgebaut. Istriens Südspitze gilt nicht nur wegen der Windverhältnisse als Surfparadies; die vielen Buchten mit ihrem relativ flachen Wasser sind ideal für Anfänger sowie für Kite-Surfer.

Das flache Wasser ist ideal für Anfänger

Einziger Wermutstropfen ist der steinige Untergrund – Fels und Seeigel können beim Einstieg oder bei Stürzen ganz schön unangenehm werden. Aber diese Unbequemlichkeit machen die gleichmäßig und zuverlässig wehenden Winde wett: Den Sommer über dominiert der Mistral mit Geschwindigkeiten von bis zu 15 Knoten, im Frühjahr und Herbst der ähnlich sanfte Jugo. Und damit die Profis auch etwas Spaß haben, pustet ab und an, unversehens und dann sehr heftig, die Bora dazwischen. Der aus Nordosten tobende, böige Fallwind kann Geschwindigkeiten von bis zu 30 Knoten erreichen. Das lässt die Bretter tanzen und Saltos schlagen. Anfänger sollten sich dann allerdings aufs Bewundern der tollen Aktionen beschränken – es ist sicherer so.

Seglerromantik pur

WEITERE INFORMATIONEN

Kurse und **Ausrüstungsverleih** u. a. bei:

Windsurfing Centar Premantura
Boris Ivančić
Mobil-Tel. 091 51 23 646
www.windsurfing.hr

Windsurfstation Kap Kamenjak
Skoljić
www.windsurfstation.com

Küstenland im Dreivierteltakt

Klassizistische Villen und Hotels stehen in einem Blütenmeer aus Oleander, Hibiskus und Bougainvillea, davor wiegen sich Palmen in der sanften Brise. Selbst im Winter umschmeicheln Blütenzauber und weiche Luft die Promenaden der nostalgischen Seebäder an der Kvarner Riviera, während irgendwo in einem Pavillon ein Orchester Johann-Strauß-Walzer intoniert. Willkommen in einer immer noch vielerorts mondän anmutenden Welt, in der einst Monarchen kurten und wo bis heute die Zeit langsamer zu vergehen scheint.

Nachmittagsidyll: Im sich unweit der Küstenstraße malerisch an die Gebirgsmassive der Učka schmiegenden Dörfchen Mošćenice

Carpe diem: Ein Stadtbummel in Opatija (hier bei der Caffeteria Continental) ist ein guter Weg, den Alltag zu meistern.

Ständchen zur Blauen Stunde vor dem Hotel Miramar an der Riviera von Opatija

Promenieren entlang der Seepromenade Opatijas

Am Hafenbecken von Volosko sitzen Gourmets in einem Glaskubus vor mit feinem Leinen gedeckten Tischen. Für sein Restaurant Le Mandrač hat Küchenchef Deniz Zembo mancherlei Preis und Haube eingefahren, mit Kreationen wie der *Nova Fritaja*, pochiertem Eidotter auf gegrilltem Pršut mit wildem Spargel und gebratenen Scampi. Falls das Essen nicht so kunstvoll sein muss und auch ein Edelfisch im Salzmantel zufriedenstellt, kann man in eines der anderen Restaurants am Hafen ausweichen: „Amfora", „Plavi podrum" und wie sie alle heißen. Volosko, das früher ein ganz gewöhnlicher Hafen war, hat sich mit Opatijas Aufstieg zum wiederbelebten k.u.k.-Seebad in eine Art Feinschmeckermeile verwandelt. Es ist ja auch wirklich schön, abends auf der Franz-Josef-Promenade ein halbes Stündchen am Meer entlang in den Nachbarort zu spazieren und nach dem Essen zurück, beschienen von einem orangeroten Mond und dem flackernden Schein nostalgischer Laternen.

Unter Kaiser Franz-Josef I. wurde Opatija, das damalige Abbazia, eines der bedeutendsten Seebäder Europas.

Auf einer kleinen Halbinsel vor dem ehemaligen Friedhof von Opatija grüßt das „Mädchen mit der Möwe", eine 1956 aufgestellte Bronzestatue des Bildhauers Zvonko Car, symbolisch das Meer.

AM QUARNERO-BUSEN

Das Küstenland und seine langgestreckten, nacheinander gestaffelten Inseln im Meeresbecken zwischen der Halbinsel Istrien und dem Gebirgszug des Gorski Kotar wird wahlweise „Kvarner", „Quarnero" oder „Quarnero-Busen" genannt. Namenspate des Kvarner ist das lateinische *Quaternarius*, „aus je vieren bestehend". Die alten Römer mögen damit die vier großen Inseln im Kvarner Golf gemeint haben oder die vier Landschaftsbilder, die hier aufeinandertreffen, die Berge im Norden, die Inseln im Süden, Istrien als Halbinsel im Westen und die Felsküste im Osten. Vielleicht bezog sich der Name aber auch einfach auf die vier

In der Altstadt von Lovran

Südlich von Lovran findet man in der Bucht von Medveja einen der schönsten Kiesstrände an der Kvarner Küste.

Nostalgie & Alltag: im Fischerhafen von Lovran

Mondäner Charme: Wellness Hotel Villa Astra in Lovran

Special DIE K. U. K. RIVIERA

Alter Prunk und neuer Glanz

Die Gästebücher der Hotels von Opatija, dem früheren österreich-ungarischen und zwischen den Kriegen italienischen Abbazia, lesen sich wie ein Who is Who des Fin de Siècle. Gustav Mahler, Isadora Duncan, Dr. Jerženkijević (besser bekannt als Vladimir Ilyich Lenin), Vladimir Nabokov sowie viele gekrönte Häupter logierten damals im heilklimatischen Kurort.

Prominente Köpfe im Park der Villa Angiolina

Zwischen den Jahren 1889 und 1911 ließ der Abbazianer Verschönerungsverein einen Uferweg anlegen, der die zwölf Kilometer voneinander entfernten Orte Volosko und Lovran über Abbazia miteinander verband. In der mit Salz angereicherten Luft, dem Aerosol, zu spazieren, galt damals als eine der vielen heilkräftigen Maßnahmen der aufkommenden Thalassotherapie zur Linderung von Infektionskrankheiten. Im Jahr 1913 zählte Abbazia zwölf Hotels, 44 Pensionen, 83 Villen und fünf Badeanstalten. Dann brach der Erste Weltkrieg aus, und die große Ära war vorbei. Zwar wurde der Kurort auch im sozialistischen Jugoslawien gefördert, aber nun spazierten nicht mehr Adel und Hautevolee, sondern die Genossen Werktätigen von Volosko nach Lovran. Da das Geld für den Unterhalt fehlte, verabschiedete sich Abbazias Prunk mit rieselndem Gips und abblätternden Fassaden.

Heute ist Opatija auferstanden wie ein Phönix. Restaurierter Klassizismus und Jugendstil geben den Rahmen ab für Operettenabende, Kostümfeste und nostalgische Schiffs- oder Bahnfahrten. Auf der Franz-Joseph-Promenade setzen sich nun Nordic Walker dem Aerosol aus. Auch das alte Idiom ist wieder da – kein anderer Ort hat so viele österreichische Gäste.

vorherrschenden Winde: die durch die Berge geschwächte Bora aus dem Nordosten, der Jugo aus dem Südosten, der Maestral aus dem Nordwesten und der Oštro aus dem Süden.

„Kvarner" ist kein geografisch exakt definierter Begriff. Gemeinhin beginnt die Kvarner Bucht beim Hafen Brestova an der istrischen Westküste, in dem die Fähren zur Insel Cres ablegen, und sie erstreckt sich nach Südosten bis zur Uskokenstadt Senj. Zum Kvarner gehören auch die Inseln Cres, Lošinj, Krk und Rab, ihre kleinen Satelliten und je nach Definition das Eiland Pag. Da die Gebirgsmassive der Učka im Norden und Westen sowie des Gorski Kotar und des Velebit im Osten kalte Luftströmungen fernhalten, profitiert die Kvarner Küste von einem besonders milden Klima – beste Voraussetzungen für eine Karriere als Fluchtpunkt der Wohlhabenden aus Wien und Budapest vor mitteleuropäischer Kälte.

NOSTALGIE IN ABBAZIA (OPATIJA)

Die heilklimatischen Kurorte Lauran (Lovran), Abbazia (Opatija) und Cirknenz (Crikvenica) erlebten im 19. und zu Beginn des 20. Jhs. ihre große Blüte. An diese wichtige Epoche knüpfen sie heute an, und ihr wichtigstes Erbe sind die Bauten und Parks, welche diese hinterließ: In Opatija, wo der Nostalgieboom seinen Anfang nahm, sind nahezu alle historischen Herbergen und Villen res-

Auf Rijekas Hauptflaniermeile Korzo erhebt sich das ockerfarbene Stadttor mit dem seit dem Jahr 1873 vom Habsburger Doppeladler und den Büsten Leopolds I. und Karls VI. gezierten Uhrturm (Gradski tornani).

1895 in Rijeka eröffnet: das Kroatische Nationaltheater (Hrvatsko narodno kazalište) „Ivan Zajc"

Cukarikafe Bar: ein nettes Szenelokal in der Altstadt von Rijeka

Der Markt von Rijeka (Paviljoni Velike Tržnice) besteht aus mehreren Jugendstilhallen, in denen Obst und Gemüse sowie Fleisch und Fisch verkauft werden.

tauriert und beherbergen luxuriöse Hotels und Apartments. Die gesamte Stadt scheint im Walzerrhythmus zu schwingen. In Lovran, dessen Villen sich etwas diskreter in weitläufigen Parks zwischen Edelkastanien und Lorbeer verbergen, ist das k.u.k.-Element nicht so dominant, dafür aber umso vornehmer. Anwesen wie die Villa Frappart oder die Villa Santa Maria stammen von dem Wiener Architekten Carl Seidl, der um die Wende zum 20. Jh. für die Haute Volée der Donaumonarchie baute.

STADT AM FLUSS

In Sichtweite Opatijas klettern am gegenüberliegenden Ufer der Bucht Hochhäuser die steilen Flanken des Küstengebirges empor. Rijeka, benannt nach dem hier ins Meer mündenden Fluss Rječica, ist eine moderne Hafen- und Industriemetropole. Eine ganze Armada von Frachtschiffen wartet vor den Terminals auf die Genehmigung zur Einfahrt, während die weißen Fähren der Jadrolinija zu den vorgelagerten Inseln auslaufen oder zurückkehren. Früher legten sie am Molo Longo an. Am zwei Kilometer langen Hauptkai und Wellenbrecher wurden einst Passagiere, Fahrzeuge sowie Waren be- und entladen, und das Tuten der Schiffshörner erfüllte die Luft. Doch in den 1990er-Jahren hatte der alte Kai seine Schuldigkeit getan. Der Hafen wanderte ein Stück nach Osten auf ein wesentlich größeres Gelände, das Areal im Herzen Rijekas verfiel – bis die Stadtverwaltung den vernachlässigten Uferbereich durch Umbau- und Begrünungsmaßnahmen aufwertete. Wo früher Container verrosteten, bummeln heute die Rijeker, kehren in schicken Cafés ein, besuchen das Edelrestaurant im ehemaligen Fährterminal und nutzen kostenloses WLAN. Der Molo Longo macht der historischen Promenade, dem Korzo im Zentrum, inzwischen heftig Konkurrenz.

ECHTE UND FALSCHE FISCHE

Rijekas Fischhalle – die dritte der drei Markthallen der Stadt wurde von Carlo Pergoli in den Jahren 1914–1916 im Stil der Wiener Sezession in Hafennähe errichtet – ist ein wahrer Tempel des Meeresgetiers. Der Rijeker Architekt dekorierte sie mit vier Brunnen und einem Sammelsurium von steinernen Krebsen, Kraken, Fischen und Muscheln. Thunfisch, Dorsche, Sardinen, Wolfsbarsche, Doraden, Tintenfische und Schwertfische warten auf Käufer, auch die kostbaren Kvarner Scampi: Einer weit verbreiteten Meinung nach sind die mit besonders dünnem Panzer und zartem Fleisch ausgestatteten Krebse das Ergebnis einer Kreuzung mit Artgenossen aus dem südchinesischen Meer, welche die Kvarner Küste als blinde Passagiere britischer Kriegsschiffe erreichten. Auch die zwei anderen, ebenfalls um die Wende vom 19. zum 20. Jh. als Glas- und Stahlkonstruktion errichteten Markthallen sind wahre Solitäre der Jugendstilarchitektur.

DIE BUDAPESTER RIVIERA

Die Fahrt von Rijeka auf der alten Adriamagistrale nach Süden belohnt mit Ausblicken auf die schönsten Seiten der Kvarner Küste, die sich Kurve um Kurve zu immer neuen, bezaubernden Perspektiven öffnet. Allerdings ist das Chauffieren auf der am Meer entlangmäandernden, schmalen Straße auch recht mühevoll. An der wie ein Omega geformten Bucht von Bakar wird der Reisende brüsk aus dem mediterranen Idyll gerissen, eine Ölraffinerie und ein Kohlehafen schieben sich vor die Silhouetten der Inseln Cres und Krk, dahinter rosten die Überreste einer Kokerei vor sich hin, die bis 1994 Luft und Umwelt verpestete. Man erzählt sich, Tito persön-

Rijeka ist eine moderne Hafen- und Industriemetropole.

Auf der Küstenstraße unterwegs nach Senj ergeben sich immer wieder herrliche Ausblicke auf den Belebitski-Kanal zwischen dem Festland und der Insel Krk.

Senj liegt strategisch günstig am Talausgang zwischen den Gebirgsmassiven Kapela im Norden und Velebit im Süden und beherrscht damit den wichtigen Zugang ins Landesinnere.

Schöner Wohnen: im Hotel Kvarner Palace in Crikvenica

lich habe die schöne Bucht als Industriestandort ausgewählt. Der spätere jugoslawische Präsident war nämlich in den 1920er-Jahren wegen seiner politischen Aktivitäten eine Zeitlang in Bakars Kastell inhaftiert, und dafür wollte er sich rächen.

Im Seebad Crikvenica ist die heile Urlaubswelt wieder in Ordnung. Der Ferienort mit seinem kilometerlangen Feinkiesstrand und dem grandiosen Blick auf die Insel Krk ist Mittelpunkt einer Kette von Badeorten im Schatten des Velebit-Gebirges. Früher nannte man den Küstenstrich „Budapester Riviera", denn die bessere Gesellschaft aus der ungarischen Metropole besuchte Crikvenica gerne zu Kur und Winterfrische. Wie in Opatija ist das Klima hier mild, die Vegetation üppig und die Hotellerie von der guten alten Zeit geprägt. Nur die Stadt selbst ist unübersehbar von Vernachlässigung gezeichnet: Der kroatische Staat hat nicht das Geld, alle seine Habsburger Altlasten in Zuckerbäcker-Schönheiten zu verwandeln.

DIE PIRATEN VON SENJ

Über der Hafenstadt Senj ganz im Süden der Kvarner Bucht erhebt sich eine quadratische Festung mit vier Ecktürmen – keine Burg, sondern eine Filmkulisse, so der erste Eindruck; so perfekt wirkt das Bollwerk aus grauem Stein vor dem Hintergrund des Velebit. Errichtet wurde es von den Uskoken, christlichen Flüchtlingen aus dem türkisch besetzten Bosnien, die im Jahr 1537 in Senj auftauchten. Wien tolerierte und förderte ihre Ansiedlung an seiner südlichen Militärgrenze, weil es sich eine effektivere Verteidigung seines Territoriums versprach. Die Uskoken erfüllten diese Erwartungen durchaus, verlegten sich daneben aber auch auf den lukrativen Broterwerb der Piraterie und terrorisierten Küstenbewohner wie die in den hiesigen Gewässern kreuzenden Schiffe. Im Jahr 1617 wurde Habsburg seiner eigenwilligen „Grenzschützer" überdrüssig und vertrieb die Uskoken aus Senj.

Senj mit der Festung Nehaj vor dem von der UNESCO zum Biosphärenreservat erklärten Velebit-Massiv: Stadt und Burg sind Schauplätze von Kurt Helds Jugendroman „Die rote Zora".

TOURISMUS & UMWELTSCHUTZ

Unter Geiern

Wie gehen Tourismus und Umweltschutz zusammen? Zwei engagierte Projekte in der Kvarner Bucht versuchen, jedes auf seine Art, beim Schutz bedrohter Tiere auch vom Tourismus zu profitieren. Bei den putzigen und mit soviel positiven Assoziationen bedachten Delfinen funktioniert das wunderbar; bei Geiern ist die Sache nicht so einfach.

Oben und linke Seite: im Grifon Conservation Centre
Unten: im Blue World Institute

Goran Sušić hat die Besuchergruppe durch seine Geierausstellung geführt, den Leuten erklärt, wie Geier fliegen, wie sie leben, wie sie nisten und ihnen die beiden gefiederten Pensionsgäste gezeigt, die zur Zeit die Voliere des Geierzentrums „Grifon" bei Senj bewohnen. Nun kann er seine Augen nicht vom Fernrohr lassen, das von einer Plattform auf die gegenüberliegende Insel Prvić gerichtet ist. Konzentriert und fast andächtig folgt er den suchenden Kreisen der Aasfresser über dem kahlen Eiland. Geier sind seine Leidenschaft. Seit 30 Jahren richtet er all seine Energie und sein Können auf ein einziges Ziel: Die im Kvarner bedrohten Vögel zu retten. Als Sušić in den 1980er-Jahren von Zagreb nach Cres übersiedelte, lebten auf der Insel nur noch 60 Geierpaare. Heute hat sich die Zahl dank seines Einsatzes verdoppelt.

Wie rettet man Geier? Indem man sie füttert, war Sušićs Antwort. Er gründete das Geierzentrums Caput Insulae im Dörfchen Beli, von dem aus er mit seinen Mitarbeitern im Tramuntana-Gebiet, der traditionellen Schafzuchtregion, Kadaver für die Geier auslegte. Tatsächlich kehrten die großen Vögel, die sich in andere Regionen zurückgezogen hatten, nach Cres zurück. Die Geier begannen wieder in den steilen Felsen über dem Meer zu nisten und wurden zur Touristenattraktion. Der mit mehreren Umweltpreisen dekorierte Geiermann eckte mit seinem Eigensinn an, und so wurde er 2013, nach 20 Jahren in Beli, zum Verstoßenen. Immerhin hat er an seinem neuen Standort die Insel Prvić, die im Jahr 1969 zu Jugoslawiens erstem Schutzreservat für Gänsegeier erklärt wurde, und die geliebten Vögel ständig vor Augen. Aber die Spendengelder, die er für seine Arbeit dringend braucht, fließen nur noch spärlich.

„Blue World" ist ein interdisziplinäres Projekt, das wie „Grifon" einerseits dem Schutz verpflichtet ist, andererseits Einheimische wie Touristen durch pädagogische Aktionen für die Umweltprobleme sensibilisieren möchte, die dem Großen Tümmler in der Adria das Leben schwer machen. Ein Erfolg der vielfältigen Bemühungen ist der nun wieder steigende Bestand an Delfinen im Meeresschutzgebiet um Cres und Lošinj.

AUF EINEN BLICK

***Grifon Conservation Centre**, Crnika, an der Adriamagistrale von Senj 15 km nach Süden, Tel. 051 62 18 77, Mobil 091 33 57 123, www.supovi.hr, Mai–Okt. tgl. 11.00–18.00 Uhr*
***Blue World Institute**, Lošinj Marine Education Centre, Kaštel 24, Veli Lošinj, www.blue-world.org, Winter Mo.–Fr. 10.00–14.00, Mai, Juni, Sept. Mo.–Fr. 9.00–16.00, Sa. 9.00 bis 14.00, Juli/Aug. tgl. 9.00–22.00 Uhr*

Wer sich dafür interessiert, kann Delfine und Geier auch adoptieren.

RIJEKA
Opatija
Lovran
Kastav
Bakar
Crikvenica
Selce
Novi Vinodolski
Senj
Krk
Omišalj
Cres
Labin
Plomin
Kršan
Riječki Zaljev
Vela vrata
Srednja vrata
Vinodolski kanal
Nacionalni park Risnjak
Učka
Tunel Učka 5062m
01
02
03
04
05
06
07
08
09
10
11
Maßstab 1:320.000
0
6km

Wo sich Habsburgs und Preußens Adel traf

Die kurze Epoche zwischen Mitte des 19. und Anfang des 20. Jhs. prägte die Kvarner Bucht architektonisch nachhaltig; das Habsburger Erbe sorgt bis heute für die besondere Atmosphäre zwischen Lovran im Südwesten und Senj im Südosten. Mittelpunkt der k.u.k.-Riviera ist das strahlende Opatija.

Von Wind und Wetter geformt: die bis zu 100 m hohen Karstformationen am Westhang der Učka

01 – 04 OPATIJA UND UMBEBUNG

01 **Opatija** ▶TOPZIEL (11 500 Einw.) ist mit seiner wunderbaren Architektur des Historismus ein einzigartiges Denkmal. Mit dem Bau der Villa Angiolina begann 1844 Opatijas (damals noch Abbazia) Karriere als Winterfrische der Habsburger Gesellschaft. Das milde Klima begünstigt die mediterrane Blütenpracht, mit der sich Stadt und Küste schmücken.

Sehenswert/Museum

Park und **Villa Angiolina** sind das Herzstück des historischen Opatija. Das Schlösschen des Reeders Iginio Scarpa aus Rijeka ist von einem exotischen Park umgeben, dessen Pflanzen seine Kapitäne aus allen Teilen der Erde mitbrachten. In der Villa widmet sich ein Tourismusmuseum dem Fremdenverkehr (tgl. 10.00 bis 18.00 Uhr). Daneben erhebt sich das historische **Hotel Kvarner**, südlich schließt eine Parkanlage mit der gotischen **Kirche Sv. Jakov** an. Die Küste säumt die **Franz-Joseph-Promenade**, ein 12 km langer Spazierweg vom Nachbarort Volosko bis Lovran, an dem Buchten und Strandbäder zum Sprung ins Wasser locken.

Restaurants

Im sympathischen Familienbetrieb € **Ružmarin** sind Sie der mondänen Welt Opatijas etwas entrückt (Veprinački put 2, Tel. 051 71 26 73, www.restaurant-ruzmarin.com), während das todschicke €€€€ **Bevanda** der Ort ist, an dem man gesehen werden muss (Zert 8, Tel. 051 49 38 88, www.bevanda.hr; auch schicke Designzimmer). Weniger exzentrisch, aber seit Jahren von Gourmetpäpsten in den Himmel gelobt wird das €€€ **Kukuriku** (Trg Lokvina 3, Tel. 051 69 15 19, http://kukuriku.hr). Und wenn Sie traditionelle istrische Küche in romantischer Umgebung suchen, kehren Sie in der €€ **Konoba Tramerka** in Volosko ein (Andrije Mohorovičića 15, Tel. 051 70 17 07).

Stylisch: das Café Continental in Opatija

Hotels

Wenn schon nostalgisch, dann ins €€€ **Miramar**. Kern des im alt-österreichischen Stil gehaltenen Hotels ist die historische Villa Neptun. Großzügige Zimmer, ein angenehmes Wellnesscenter, ein Strandbad und fantastische Küche verwöhnen rundherum (Ive Kaline 11, Tel. 051 28 00 00, www.hotel-miramar.info). Historisch ist auch die €€ **Villa Ariston**; wählen Sie ein Zimmer mit Meerblick (Maršala Tita 179, Tel. 051 27 13 79, www.villa-ariston.hr). Im nahen Ika besetzt das € **Hotel Ika** eine hübsche Kiesbucht (Primorska 16, Tel. 051 29 17 77, www.hotel-ika.com).

Umgebung

02 **Volosko** ist von Opatija zu Fuß auf der Uferpromenade in ca. 30 Minuten erreicht. Der Weg führt vorbei an historischen Villen zum Hafenbecken, das von Restaurants und Cafés gesäumt wird. Kaiserin Sisi soll in einem der Häuser am Hafen leidenschaftliche Stunden mit einem ungarischen Adeligen verbracht haben, erzählt man sich hier. Etwa 7 km nach Nordosten sind es in den Bergort 03 **Kastav**, der aus 360 m Höhe die Bucht überblickt. Eine vollständig erhaltene Mauer schützt die Altstadt. Wunderbar erhalten sind die Renaissanceloggia und die Bauten um den Hauptplatz trg Lokvina. Zahlreiche Wanderwege erschließen den **Naturpark** im Bergmassiv der 04 **Učka** (siehe DuMont Aktiv S. 91). Eine besondere Erosionsform des Karstes ist im **Tal Vela Draga** am Westhang der Učka zu besichtigen: Die bis zu 100 m hohen Kalksäulen sind heute ein beliebtes Klettergebiet.

Information

TZ, M.Tita 128, Tel. 051 27 13 10, www.opatija-tourism.hr

05 – 06 LOVRAN UND UMGEBUNG

Zwei Pflanzen sind eng mit 05 **Lovran** ▶TOPZIEL verbunden: Der üppig sprießende Lorbeer, dem die Stadt (4000 Einw.) ihren Namen verdankt, und Edelkastanien, deren Ernte im Herbst mit einem kulinarischen Fest gefeiert wird.

Sehenswert

Die **Altstadt** ist zum Teil noch von Mauern umgeben; ein überwölbter Durchgang führt gegenüber dem **Hafen** zum **Hauptplatz** mit der gotischen **Kirche Sv. Juraj** (im Inneren Fresken aus dem 15. Jh.) und den beiden mit Tympanon-Reliefs geschmückten **Häusern** – eines zeigt den hl. Georg mit dem Drachen, das zweite den *mustaćon*, ein dunkelhäutiges Gesicht mit Riesenschnurrbart und Turban. Vorbei am imposanten **Stadtturm** gelangt man in den Ende des 19. Jhs. entwickelten Teil Lovrans, in dem Hotels und Villen des Historismus miteinander wetteifern. Die schönsten Beispiele finden sich an der Uferpromenade: Die grandiose **Villa Frappart**, die **Villa Santa Maria** und die **Villa Magnolia**, erbaut von dem Wiener Architekten Carl Seidl, träumen als Zeugen vergangenen Prunks in üppigen Gärten vor sich hin. Die nach Plänen des venezianischen Architekten Renato Renosto errichtete **Villa Astra** dient heute als Hotel.

Restaurants/Hotel

Im €€ **Lovranska Vrata** haben Sie zu feinem Essen die malerische Kulisse des Stadtplatzes vor Augen (Stari Grad 94, Tel. 51 29 10 50). Mit Blick auf den Hafen gibt's in der € **Konoba Bellavista** deftige Snacks zu feinen Tropfen aus der Region (Stari Grad 22, Tel. 051 29 21 23). In Mošćenice serviert die Konoba €€ **Tu Tamo** zum konkurrenzlosen Meerespanorama delikate istrische Küche (Mošćenice 50, Tel. 051 73 72 33). Das Hotel €€€€ **Villa Astra** ist ein Gesamtkunstwerk – Architektur, Einrichtung und Service harmonieren perfekt, die Küche zählt zu den besten der Region (Viktora Cara Emina 11, Tel. 051 29 44 00, www.lovranske-vile.com).

Umgebung

Vom Badeort 06 **Mošćenička Draga** 10 km südlich sind es 753 Stufen oder ein paar Minuten Autofahrt in das Bergnest **Mošćenice**. Am Stadttor empfängt der Habsburger Doppeladler die Besucher. Pittoresk: die Altstadt rund um die Kirche Sv. Andrija.

Tipp

Kneipenbummel

In Trsat, dem sich rund um Burg und Wallfahrtskirche von 07 **Rijeka** gruppierenden Stadtteil, hat sich eine lebhafte Kneipenszene etabliert: Beliebt ist der **Sabrabe Pub** (Petra Zrinskog) mit nostalgischem bis kitschigem Interieur; über 120 verschiedene Biersorten werden in **The Beertija** (Slavka Krautzeka 12) ausgeschenkt. Da die Szene ständig in Bewegung ist, lohnt es sich, durch die romantisch beleuchteten Gassen zu bummeln und nach interessanten Adressen Ausschau zu halten.

Zu erreichen mit Bus Nr. 2 ab Zentrum/Riva

Palast für den Gast: Kvarner Palace (Crikvenica)

Information

TZ, Trg slobode 1, Tel. 051 29 17 40, www.tz-lovran.hr

07 – 08 RIJEKA UND UMGEBUNG

Mit rund 130 000 Einw. zählt 07 **Rijeka** zu den größten Städten an der kroatischen Küste. Moderne Viertel wuchern weit ins hügelige Hinterland; der Hafen prägt die Küstenlinie. Das historische Zentrum zwischen Riva und Ulica Žrtava fašizma ist architektonisch von der Ära der k.u.k.-Monarchie geprägt.

Sehenswert

Parallel zur **Uferpromenade** mit ihren vielen klassizistischen Palästen verläuft die beliebte **Bummelmeile Korzo**. Durch den **Uhrturm Gradski toranj** (15./18. Jh.) gelangt man in den mittelalterlichen Stadtkern, dessen Bausubstanz aber kaum erhalten ist. Einzig das **römische Tor** verdient Beachtung. Nach Osten gehend erreicht man die **Kirche Mariä Himmelfahrt**, deren im 14. Jh. erbauter, sich bedenklich schief neigender **Turm** Rijekas Wahrzeichen ist. Wenige Schritte weiter kreuzt der **Mrtvi kanal**, ein Arm des Flusses Riječina, die im 19. Jh. umgeleitet wurde. Die Rijeker spazieren gerne am Wasser entlang bis zum **Theater Ivan Zajc**, einem Prachtbau des Historismus. Die Verdistraße, **Verdijeva**, nach Westen reihen sich drei **Jugendstil-Markthallen** nacheinander; der Markt bietet vor allem vormittags ein lebhaftes Bild. Die Anhöhe mit der **Festung Trsat** war bereits von Illyrern besiedelt. Im 14. Jh. wurden neben der Burg ein Kloster und die **Wallfahrtskirche Sv. Marija Lauretanska** erbaut. Die Ruine der Befestigungsanlage ging im 19. Jh. in den Besitz eines österreichischen Feldmarschalls über, der sie zu seinem Mausoleum umwidmete.

Restaurants

Ein sehr schickes Restaurant ist das €€€ **Molo Longo** im ehemaligen Terminalgebäude der Jadrolinija (Riječki lukobran, Tel. 051 30 19 17). Rustikal und gutbürgerlich sind die Grillgerichte in der €€ **Taverna Nebuloza** (Titov trg 2b, Tel. 051 37 45 01). In der € **Kuća istarskog pršuta** können Sie istrischen Schinken und Wurst verkosten und auch kaufen (Riva Boduli 3, Tel. 051 21 11 29).

Hotels

Im €€€ **Best Western Jadran** wohnt man zentrumsnah und zugleich mit eigenem Strand am Meer (Šetalište XIII divizije 46, Tel. 051 21 66 00, www.jadran-hoteli.hr). Rijekas originellstes Hostel ist das € **Botel Marina** in einem stillgelegten Schiff an der Riva (Adamićev gat, Tel. 051 410162, www.botel-marina.com).

Shopping

Rijekas morčić, ein schwarzer Turbanträger, ziert Ohrringe, Halsketten und Ringe – zu kaufen in den Juweliergeschäften entlang des **Korzo**.

Umgebung

Mit Wanderwegen im Sommer und einem kleinen Skigebiet im Winter ist der 6350 ha große 08 **Nationalpark Risnjak** ein beliebtes Ausflugsziel der Rijeker. Die waldreiche Gebirgslandschaft ist Heimat von Bären, Wölfen und Luchsen. Eine schöne Wanderung führt von **Hrvatsko** (bei Crni Lug, 60 km östlich von Rijeka) in eineinhalb Stunden bis zum Dorf **Kupari** und von dort dem Lauf des Flusses Kupa folgend 30 Min. bis zur **Kupa-Quelle** (Nationalparkverwaltung, Bijela Vodica 48, Crni Lug, Tel. 051 83 61 33, http://np-risnjak.hr).

Information

TZ, Korzo 14, Tel. 051 33 58 82, www.visitrijeka.eu

DuMont Aktiv

09 – 10 CRIKVENICA UND UMGEBUNG

Ein 2 km langer Feinkiesstrand und der Blick auf die Insel Krk machen 09 **Crikvenica** (11 000 Einw.) zum beliebten Ferienort.

Sehenswert

Ausgehend von einem Kloster und gefördert durch die Frankopanen hatte die Siedlung ansehnliche Größe, als sie Ende des 19. Jhs. Kurort wurde. Unübersehbare Landmarken dieser Ära sind das einstige **Hotel Therapia** (heute **Kvarner Palace**) und das **Hotel Kaštel** im früheren Paulinerkloster. Zur **Riviera** gehören außerdem die Orte **Dramalj** und **Selce**.

Hotel/Restaurant

Im €€€ **Kvarner Palace** logieren Sie wie einst die beste ungarische Gesellschaft in mit Stilmöbeln ausgestatteten Zimmern und genießen feine austro-ungarische Küche. Ein Highlight ist der Park mit altem Baumbestand (Dr. Sobol 1, Tel. 051 38 00 00, www.kvarnerpalace.info).

Umgebung

In 10 **Novi Vinodolski**, 11 km nach Südosten, wurde 1288 das Vinodoler Statut erlassen, das älteste in kroatischer Sprache verfasste Rechtsdokument. Die Frankopanenfürsten, die diese Urkunde ausstellen ließen, errichteten im 13. Jh. auch eine Festung, von der heute nur noch der Turm kvardac steht. Novi, wie die Stadt kurz genannt wird, ist ein beliebtes Badeziel.

Information

TZ Crikvenica, Trg Stjepana Radića 1c, Tel. 051 78 41 01, www.rivieracrikvenica.com

11 SENJ

Auch die südlichste Stadt (7000 Einw.) der Kvarner Bucht gehörte lange zum Herrschaftsbereich der Frankopanen. Ihre markante Sehenswürdigkeit, die Festung Nehaj, verdankt sie den 1527 zugewanderten Uskoken, die das Bollwerk über der Stadt errichteten und von Senj aus auf Piratenzüge in der Adria gingen.

Sehenswert/Museum

Die im 16. Jh. erbaute **Festung Nehaj** beherbergt ein **Museum** zur Geschichte der Uskoken, ihrem Brauchtum, Trachten und Kriegstechniken (tgl. 10.00–18.00, Juli/Aug. 9.00 bis 21.00 Uhr). Lohnenswert ist auch ein Bummel durch die ganz und gar untouristische **Altstadt**.

Information

TZ, Stara cesta 2, Tel. 053 88 10 68, www.tz-senj.hr

Auf Schusters Rappen zum Vojak

Von der mediterranen Küste in die alpinen Berghöhen des Učka-Massivs führen mehrere Wanderwege. Der Aufstieg ist nicht besonders anspruchsvoll, aber 1400 m zehren an Ausdauer und Kondition. Lohn ist bei schönem Wetter ein fantastischer Fernblick über das Inselmeer in der Bucht.

Schon nach den 753 Stufen vom Badeort Mošćenička Draga in das 173 Meter hoch gelegene Bergdorf Mošćenice zwicken einem die Muskeln. Auf steilen, von altem Baumbestand beschatteten Pfaden geht es weiter bergauf ins idyllische Trebisca-Tal mit einigen verlassenen Mühlen an einem Bach. Im Sommer verführen üppig beladene Brombeerranken zur Rast. Nach rund 10 km passiert man in knapp 1000 m Höhe das verfallene Dorf Mala Učka. Nach rund dreieinhalb Stunden auf dem 1401 m hohen Gipfel angekommen, ist dann nur noch ein kleiner Aussichtsturm zu erklimmen, um das Panorama in vollen Zügen zu genießen. Dann wandert man auf dem gleichen Weg zurück oder wählt den alternativen, ähnlich steilen und langen Abstieg nach Lovran. Wenn die Tour zu anstrengend erscheint, lässt sie sich abkürzen: Mit dem Auto fährt man von der Küste bis zum Poklon-Sattel (Richtung Tunnel Učka, davor auf die Bergstraße abbiegen). Von dort ist es noch eine entspannte eineinhalbstündige Wanderung auf einem Forstweg durch lichten Buchenwald bis zum Gipfel.

Mit festem Schritt ...

... hinauf zum Vojak-Aussichtsturm

AUF EINEN BLICK

Start: Moščenička Draga
Ziel: Lovran
Dauer: rund 6 Stunden
Wichtig: Gute Kondition erforderlich, ausreichend Wasser und Proviant mitnehmen!
Infos auch auf www.pp-ucka.hr

Fünf eigenwillige Schwestern

Jedes Eiland im Kvarner Golf empfängt seine Besucher mit einem duftenden Gruß: Das intensive Aroma in der Sonne badender Kräuter weht von der Insel hinüber aufs Deck der sich nähernden Fähre und erweckt Bilder von Kissen aus Rosmarin, Thymian, Wacholder sowie Zistrosen zwischen blitzendem Kalkstein. Cres, Lošinj, Krk und Rab vereinen üppige Vegetation und karge Felslandschaften; nur die Insel Pag tanzt aus der Reihe: Die Fahrt über die Salineninsel erscheint einem wie eine Reise auf dem Mond.

Diese herrliche Strandbucht bei Stara Baska ganz im Süden der Insel Krk ist nur zu Fuß oder mit dem Boot erreichbar.

Das Schweigen der Lämmer (im kaum verbauten Norden der Insel Cres): Selbst die Natur scheint hier vor ihrem eigenen Schauspiel in stummer Ehrfurcht zu verharren.

Von herber, karger Schönheit ist der Nordosten der Insel Cres.

Im Hafen von Cres, der Hauptstadt der gleichnamigen Insel, bilden in Pastellfarben gestrichene venezianische Häuser eine stimmungsvolle Kulisse.

Lang und schmal schirmt die Insel Cres mit ihrer kleinen Schwester Lošinj die Kvarner Bucht gegen die offene Adria ab.

Cres ist die nördlichste und noch am wenigsten berührte Insel der Kvarner Eilande. Sie hat am heftigsten mit Landflucht zu kämpfen, denn der Tourismus, der die anderen Eilande stützt, spielt hier noch immer eine geringe Rolle. In der von struppiger Macchia und weißem, scharfkantigen Kalkstein geprägten Landschaft gelingt den Bauern wenig anderes als die Schafzucht. Die Steine werden aufgelesen und zu Trockenmauern geschichtet. Wie ein weißes Spinnennetz überziehen diese die Insel. Ganze drei Hotels und sechs Campingplätze gibt es auf dem 66 Kilometer langen und nur bis zu zwölf Kilometer breiten Eiland; ein ideales Ferienziel für Individualisten.

GEISTERDÖRFER

Nur noch einige Alte leben in den abgelegenen Bergdörfern. Wer will schon heute noch im Rhythmus der Jahreszeiten und der Weidewechsel leben, von frühmorgens bis spätabends mit den Tieren beschäftigt sein, wenn eine Bucht weiter ein Job als Kellner oder Bootsmann wartet?

Beli im Nordosten der Insel ist eine dieser fast verlassenen Siedlungen. Wie ein Adlernest thont es auf einem Bergsporn 113 Meter über dem Meer. Derzeit leben noch 45 Menschen ständig in der Altstadt, im Sommer verstärkt durch Feriengäste, die dann in hübsch renovierte alte Häuser ziehen, die Tage am Kiesstrand zwischen den alten Bootshütten verbringen und dem Kreisen der Gänsegeier zusehen, die über der Tramuntana nach Beute spähen.

LOŠINJER AROMEN

Nur ein schmaler Isthmus trennt Cres von der südlichen Schwester Lošinj. Die Römer ließen ihn zum Kanal verbreitern, um sich die lange Umfahrung der Südinsel zu ersparen. Damals herrschte reger Schiffsverkehr in den Gewässern. Da bei den häufigen Stürmen so manche Ladung über Bord ging, finden Taucher immer wieder Amphoren, Münzen oder andere Fracht. Was dem Belgier René Wouters aber im Jahr 1996 bei seinem Tauchgang vor dem Inselchen Vele Orjule in 45 Metern Tiefe entgegenleuchtete, war eine Sensation: die 1,92 Meter große, mehr als 2000 Jahre alte Bronzestatue eines perfekt geformten, nackten Jünglings. Erst drei Jahre später wurde dieser kroatische Apoxyomenos geborgen. Nach der Restaurierung kam er im Zagreber Museum Mimara unter. Auf Lošinj blieb nur eine Kopie zurück.

Aber wer auf Lošinj Urlaub macht, der kommt ohnehin nicht wegen der Kultur hierher, sondern ist gerne aktiv,

Die Hafenpromenade von Veli Lošinj, der ersten Siedlung auf der Insel Lošinj, säumen schmucke Kapitänshäuser und die ungewöhnlicherweise direkt am Meer errichtete Pfarrkirche Sv. Antun.

Ganz entspannt im Hier und Jetzt verweilen kann man in Mali Lošinj, dem größeren Nachbarort von Veli Lošinj, auf der modern gestylten Terrasse der Strandbar Borik beim Hotel Vespera.

Landgang: In der Marina von Mali Lošinj ist hier gerade das Kreuzfahrtschiff Kruna Mora vor Anker gegangen, ein knapp 46 m langer Motorsegler mit 35 Betten in 16 Kabinen.

Ein schöner Rad- und Fußweg führt auf der Insel Lošinj an der Cikat-Bucht entlang.

geht Windsurfen, fährt Fahrrad oder paddelt im Kajak an den Gründerzeitvillen vorbei, die Lošinjs Küste schmücken. Als Luftkurort gehörte die Insel zu den bevorzugten Reisezielen in der k.-u.-k.-Ära. Auch moderne Feriengäste schwärmen von der heilsamen Wirkung der mit Salz und den aromatischen Ölen der Pinienwälder angereicherten Luft.

KRKS FRANKOPANEN

Cres' östliche Nachbarin ist Krk (sprich: Kerk), ein Eiland mit kahl geschliffener Ostküste und üppig-grünem Inselinneren. In der gleichnamigen Inselhauptstadt promenieren Touristen durch die Gassen. Die Straßencafés an der Vela placa sowie entlang der Stadtmauer am Hafen sind zu jeder Tageszeit gut besetzt. Im Hafenbecken wetteifern Ausflugsboote, Jachten und Fischkutter um Liegeplätze.

Krk gehört zu den ältesten Siedlungen in der Kvarner Bucht. Dass schon die alten Römer ihre malerische Lage schätzten, belegen archäologische Funde, wie sie im Untergeschoss der beliebten Cocktail-Bar Volsonis gezeigt werden. Ihre Blütezeit erlebte Krk unter der Herrschaft der Frankopanen: Dieses lokale Fürstengeschlecht regierte zwar von Venedigs Gnaden, aber nahezu autonom über die Insel und Teile des Festlands. Seine zwischen dem 12. und dem 15. Jh. errichteten Festungsmauern und Gotteshäuser prägen Krks Stadtbild bis heute. In die Ära der Frankopanen fiel auch die Blüte der Glagolica, der altkroatischen Kirchenschrift (siehe auch das Special auf S. 99), die in Klöstern gehütet wurde. Die katholische Kirche beobachtete deren Verwendung mit Misstrauen, denn die Übertragung kirchlicher Texte ins Kroatische und deren Fixierung in der Glagolica widersprach dem Primat des Lateinischen. Auch dass der kroatische Klerus die Messen in seiner eigenen Sprache feierte, war den Päpsten ein Dorn im Auge. Die Glagolica avancierte zum Symbol des kroatischen Selbstbewusstseins. Im Jahr 1818 sah sich die

Die Uferpromenade von Baška, dem südlichsten Ort der Insel Krk, teilen sich viele Hotels, Restaurants und Souvenirgeschäfte.

Mönch Clement im Kreuzgang des ursprünglich im 12. Jh. von Benediktinern gegründeten, dann im 15. Jh. von Franziskanern übernommenen Klosters auf der kleinen Insel Košljun, die man mit dem Taxiboot von Punat auf der Nachbarinsel Krk erreicht.

Zu einem Sakralmuseum umgestaltet wurde die Kapelle Sveti Bernhardin im Kloster auf der Insel Košljun.

Feiern wie die alten Römer: In der Cocktail-Bar Volsonis in Krk-Stadt genießt man das Nightlife im stimmungsvollen Ambiente einer archäologischen Ausgrabungsstätte

Special DIE TAFEL VON BAŠKA

Im Namen der Schrift

In einer unscheinbaren Kirche im Süden von Krk fiel dem Pfarrer Petar Dorčić in der Mitte des 19. Jhs. eine seltsame Bodenplatte auf. Sie entpuppte sich als eine in Glagolica geschriebene Urkunde und gilt heute als ältestes Zeugnis der altkroatischen Kirchenschrift.

„Ich, Abt Držiha, schrieb dies über dieses Stück Land, welches Zvonimir, König Kroatiens, in seinen Tagen, der Heiligen Lucija schenkte": Mit diesen Worten beginnt die Inschrift auf einem der berühmtesten Dokumente der kroatischen Geschichte. Der in Glagolica verfasste Text wurde nicht aufgeschrieben, sondern in Stein gemeißelt. Er war eine Übertragungsurkunde für ein Stück Land beim heutigen Dorf Jurandvor unweit von Baška auf der Insel Krk und besiegelte 1100 das Geschenk des Königs an die Benediktiner, die daraufhin die einschiffige Kirche Sv. Lucija errichteten. Die „Tafel von Baška" fand hierbei als Altarschranke Verwendung. Einige Jahrhunderte und Umbauten später bedeckte sie als Bodenplatte das Grab eines Unbekannten. Bis der Pfarrer Dorčić eine Abschrift der seltsamen Lettern nach Zagreb schickte, wo die Inschrift im Jahr 1875 entziffert werden konnte. Um die von dem Slawenapostel Kyrill entwickelte Schrift gab es heftige innerkirchliche Kontroversen. Das Original der Tafel von Baška wird heute in Zagreb aufbewahrt; die kleine Kirche Sv. Lucija schmückt nur eine Kopie.

Sv Lucija, Replik der „Tafel von Baška"

Kirche Sv. Lucija und Museum, Jurandvor, April, Sept tgl. 9.00 bis 19.00, Mai–Aug. tgl. 9.00–21.00 Uhr

Habsburger Monarchie deshalb gezwungen, die offizielle Verwendung der Glagolica zu verbieten. Eine bibliophile Kostbarkeit unter den mehr als 15 000 Bänden der Bibliothek des Franziskanerkonvents auf der Insel Košljun in der Bucht von Punat ist das im Jahr 1404 verfasste, reich illuminierte Glagolica-Gebetbuch Hrvojev misal. Zu den beliebtesten Ferienorten der Insel gehört Punat. Nicht nur Nautiker schätzen die ruhigen Gewässer, auch Familien mit Kindern kommen die flach abfallenden Strände entgegen.

BAŠKAS GEHEIMNISSE

Baška, ganz im Süden der Insel, bietet an seinen Feinsand- und Kiesstränden Heerscharen von Urlaubern Platz für Beachvolleyball, Parasailing und Burgenbauen. Doch bei der ersten Begegnung erschlägt einen die Kargheit der Landschaft beinahe. Nördlich und südlich des Ortes schieben sich kahle Bergzüge weit hinaus ins Meer und nehmen den grünen Talausläufer in der Mitte buchstäblich in die Zange. Abends bei gegrillten Sardinen und einem Glas Weißwein unter der weit ausladenden Akazie der Konoba Kod Frge im alten Ortskern von Baška ist die besondere Stimmung dieser Bucht zu erspüren, doch am intensivsten erschließt sich ihr Charme bei einer Wanderung. Auf einem bequemen Klippenweg geht es

Leben und leben lassen in Rab-Stadt (im Uhrzeigersinn von oben links): Straßenmusiker auf dem Platz vor der Kirche Sv. Marije, Tafelfreuden in der – in einer Renaissanceloggia untergebrachten – Pizzeria Paradiso, traditioneller Armbrustschütze in voller Tracht

An der Uferpromenade von Rab-Stadt

„Stadt der Kirchen" wird Rab-Stadt auch genannt: Aus unerfindlichen Gründen baute hier jede Generation erneut eine Kirche – in herrlicher Panoramalage über Stadt und Meer.

nach Süden zum Kap Škukljica und über einen Geröllhang bergauf. Giftgrüne Eidechsen huschen über die Steine, aus einem kleinen Eichenwäldchen heraus blöken Schafe. Überall, selbst hier, ziehen Trockenmauern ihr geometrisches Netz über den Hang. Durch das dunkelblaue, nahezu spiegelglatte Meer paddeln Kajakfahrer auf den Felsklotz der Insel Prvić zu. Wo sonst in der Adria findet sich noch ein solches Paradies?

RABER PERSPEKTIVEN

Nur eine schmale Wasserstraße trennt Rab vom Festland, dem das Eiland eine Wand aus abgeschliffenem Fels entgegenstemmt. Die Bora und die permanente Berieselung mit Salzgischt haben ihr Werk an der Küstenseite der Insel verrichtet. Aber schon hinter der ersten Kurve strotzt sie vor Fruchtbarkeit. Überall wird emsig umgegraben, gepflanzt, beschnitten. Bunte Bienenstöcke stehen am Rand der Felder.

Die Altstadt der Inselmetropole drängt sich auf einer schmalen Landzunge. Steile Wege und Treppen verbinden ihre drei längs verlaufenden Hauptgassen, an deren höchster, der Gornja ulica, sich mehrere Gotteshäuser aufreihen. Von der Romanik bis zum Klassizismus sind alle Baustile vertreten. Man sieht Zwiebelkappen und Wehrtürme, zweifarbige toskanische Fassaden, freistehende Säulen mit Akanthuskapitellen, eine bewegende Pietà und einen mächtigen, von Doppelfenstern durchbrochenen Glockenturm. Am Beginn dieser Gasse, zum Stadtpark Komrčar hin, entfaltet sich

Die Gestalt von Rab, der südlichsten Insel der Kvarner Bucht, erinnert an einen Krebs.

vom Aussichtspunkt das bezaubernde Motiv der vier Raber Kirchtürme. An ihrem Ende, im Park des im 11. Jh. erbauten Klosters Sv. Antun Opat, fallen Mauern und Felsen in ein Meer von karibischem Türkis hinab.

Der etwa in der Mitte der gleichnamigen Insel gelegene Hauptort Pag war bereits in der römischen Epoche besiedelt.

In Šimuni, einem verträumten Fischerort auf der Insel Pag, speist man auf der Terrasse des Restaurants Didova kuća mit Blick auf den Kvarner Golf.

Kostenlose WLAN-Hotspots (hinten rechts im Bild) an der palmengesäumten Hafenpromenade von Novalja, dem touristischen Zentrum der Insel Pag, verbinden den Flaneur mit der Welt.

Schäferidyll in den jahrhundertealten Olivengärten von Lun (Insel Pag): Die drittgrößte der Kvarner Inseln markiert den Süden der Kvarner Region und gehört bereits zu Dalmatien.

PAGER SPITZEN

Pags Piazza säumen einheitliche Fassaden aus hellem Stein; nur die Kathedrale und die Loggia durchbrechen das architektonische Einerlei. Dass die Hauptstadt der Insel Pag nichts gemein hat mit den verwinkelten, organisch gewachsenen Gebilden mittelalterlicher Siedlungen, liegt daran, dass sie zu Beginn des 15. Jhs. abbrannte und vom damaligen Stararchitekten Juraj Dalmatinac nach Renaissance-Grundriss mit rechtwinkelig kreuzenden Straßen wiederaufgebaut wurde. Die Bewohner, die in dieses marmorne, ungemein kühle Kunstwerk einziehen mussten, tröstete Dalmatinac mit einem volkstümlichen Detail an der Kirchenfassade: Er umgab die Muttergottes in der Lünette mit Betenden in Pager Trachten. Ihre kunstvolle Fensterrose wurde zum Vorbild für die berühmte filigrane Pager Spitze, die junge wie ältere Frauen meist auf einem Bänkchen vor ihrem Haus sitzend in mühsamer Arbeit anfertigen. Spitze, Lamm und Käse sind drei Standbeine der Inselwirtschaft. Das vierte bilden die Salinen, die bereits in römischer Zeit betrieben wurden.

Auf der Halbinsel Lun ist Pag am schönsten – eine Landschaft von atemberaubend-archaischer Faszination.

Wo das karge Pag am schönsten ist? Von Novalja, Pags Partyhauptstadt aus, streckt die Insel einen langen, kaum ein paar hundert Meter breiten Arm nach Norden. Wie ein Grat erhebt sich diese Halbinsel Lun 150 Meter hoch über das Meer und scheint nur aus Stein, Schafen sowie verkrüppelten Olivenbäumen zu bestehen. Einige der Bäume hat der Wind gezwungen, nahezu waagrecht über dem Boden zu wachsen. Eine Landschaft für grausame Gottheiten und unheimliche Hexengeschichten – dabei aber von atemberaubend-archaischer Faszination.

(YOU GOTTA) FIGHT FOR YOUR RIGHT (TO PARTY!)

Feiern bis zum Morgengrauen

Badeschuhe, Sonnencreme, Sonnenbrille und Kondome – mehr braucht der Partygast am Zrće-Beach nicht, um glücklich zu sein – zumindest suggerieren das die Werbetexte der Partyveranstalter. Bislang waren Istrien und die Kvarner Bucht nicht gerade für ihr ausuferndes Nachtleben bekannt. Aber die Lust von Einheimischen und Feriengästen auf Partys ohne Ende hat die Szene beflügelt. Heute gibt es kaum einen Ferienort, der nicht stolz mit einem „Beach" wirbt.

„Dance the night away": Im Santos Beach Club auf der Insel Rab (oben und rechte Seite)

Bumm, bumm, bumm ... Riesenboxen hämmern vibrierende Bässe über die stille Bucht von Barbat, in der Rabs beliebter San Antonio Club in den Sommermonaten den Pudarica Beach betreibt. An einem der schönsten Strände der Insel tanzt man sich in Stimmung, während die DJs die Lautstärke weiter hochfahren. Feiern bis zum Abwinken lautet die Devise nicht nur hier, sondern überall in den Clubs zwischen Koper und Pag.

Veteran unter den Partystränden ist Zrće bei Novalja auf der Insel Pag. Ausgerechnet die flache, landschaftlich ziemlich uninteressante Badebucht im Norden des kargen Eilands erwählten führende Zagreber Clubs wie das legendäre Aquarius zur Party-Destination. Weil dort im Sommer die Stammgäste fernblieben, um am Meer Urlaub zu machen, zog Aquarius einfach ihnen hinterher und eröffnete eine Dependance am Strand. Andere Diskotheken wie Papaya, Noa und Kalypso folgten – so mutierte Zrće zu einem der berühmtesten Partystrände Südeuropas. Paul van Dyk, Sven Väth und Armin Van Buuren legen im „kroatischen Ibiza" regelmäßig auf. Das Vorbild hat schnell Nachahmer gefunden: Rijekas Club Boa ist Party-Platzhirsch in Malinska auf der Insel Krk. Für Nachtschwärmer vom Festland wird sogar ein Shuttleservice organisiert.

Was Mega-Partys angeht, hält sich Istrien noch etwas bedeckt; dafür steigen hier heiße Musikevents wie das Lighthouse-Festival in Poreč oder Dimensions in Pula, zu de-

Der Santos Beach Club residiert an einem der schönsten Strände der Insel Rab, Pudarica.

nen die Größen der Elektro-Szene anreisen. Rovinjs kokett betiteltes „Unknown Festival" holt Rock- und Indiebands an die Adria, lässt das Publikum auf Schiffen tanzen und besetzt sogar die Inseln des kleinen Archipels mit Turntables, an denen Stars der Szene wie der Londoner Musikproduzent und Remix-Artist Jamie XX performen.

VERSTECKTE TEMPEL DER (TANZES-)LUST

Die größten Diskotheken verbergen sich an ungewöhnlichen Orten: Der Lighthouse Club, Istriens wohl bekanntester Tanztempel, versammelt Feierwillige nicht irgendwo an der Küste sondern im historischen Städtchen Vodnjan. Ambasada Gavioli im slowenischen Istrien logiert nahezu inkognito in einer ehemaligen Lagerhalle im Industriegebiet von Izola, was Nachtschwärmer sowohl aus Kroatien als auch aus Italien nicht abhält. Und der Tunel, Rijekas Jazz-Club par excellence, verbirgt sich in einem ehemaligen Straßentunnel.

FREUD UND LEID

Obwohl Kroatien keine Billigdestination ist, hat es bereits mit den negativen Konsequenzen des Partytourismus zu kämpfen: Immer mehr darauf spezialisierte Veranstalter bieten Gruppenreisen zur Dauerparty an der kroatischen Adria an, Flatrate-Saufen inklusive. Die abschreckende Szenerie bereits morgens volltrunkener junger Leute, die man bislang nur von spanischen oder bulgarischen Partystränden kannte, spielt sich nun auch rund um Zrće ab. Auch die permanente Lärmbeschallung und die Müllberge, die solche Veranstaltungen hinterlassen, gehören zu den unerfreulichen Begleiterscheinungen. Zwar achten die lokalen Behörden darauf, dass sich „gewöhnliche Urlauber" und Partypeople nicht ins Gehege kommen, aber das gelingt nicht überall. Es ist etwas lauter und voller geworden an den für Partys geeigneten Stränden. Immerhin dauert das Spektakel kaum sechs Wochen, von Mitte Juli bis Ende August. Davor und danach kann man sich in Istrien und der Kvarner Region ganz wunderbar erholen.

DIE BESTEN CLUBS & LOCATIONS

***San Antonio Club/Pudarica Beach Club**, Barbat, Insel Rab, www.sanantonio-club.com*
***Strand Zrće**, Novalija, Insel Pag, http://zrce.eu*
***Club Boa**, Malinska, Insel Krk, www.facebook.hr*
***Lighthouse Club**, Krnjaloža 1, Gajana/Vodnjan, www.lighthouseclub.com*
***Ambasada Gavioli**, Industrijska cesta 10, Izola, www.facebook.com*
***Tunel**, Školjić 12, Rijeka, www.jazztunel.com*

Nightclubbing in Porec: in der Diskothek Saint and Sinner

Riječki Zaljev
Kvarner
Kvarnerić
Vela vrata
Srednja vrata
Vinodolski kanal
Velebitski kanal
Grgurov kanal
Paški kanal
Lošinjski kanal
Krk
Cres
Lošinj
Rab
Pag
Unije
Susak
Ilovik
Silba
Olib
Plavnik
Prvić
Sv. Grgur
Goli Otok
Nacionalni park Sjeverni Velebit
Velebit Park
Bijele i Samarske stijene
Omišalj
Krk
Punat
Baška
Vrbnik
Stara Baška
Malinska
Njivice
Cres
Valun
Lubenice
Beli
Martinšćica
Osor
Nerezine
Mali Lošinj
Veli Lošinj
Rab
Lopar
Lun
Novalja
Pag
Senj
Crikvenica
Novi Vinodolski
Selce
Jablanac
Karlobag
01
02
03
04
05
06
07
08
09
10
11
12
13
14
15
16
17
18
19
20
21
Lunjski maslinici (Old olive trees)
Maßstab 1:370.000
0
3
6km

Reise durch ein faszinierendes Inselmeer

Jede der fünf Inseln im Kvarner Golf hat ein unverwechselbares Gesicht. Beim Inselhopping mit Fährschiffen erleben Sie eine vielfältige Inselwelt, deren Gemeinsamkeit der spröde, graue Kalkstein ist, der auch das Küstengebirge auszeichnet, Kein Wunder: Die Eilande sind die Bergrücken von in der Eiszeit überfluteten Tälern.

01 – 05 INSEL KRK

Mit rund 18 000 Einwohnern ist die Insel relativ dicht besiedelt. Ihre karge, dem Festland zugewandte Felsküste schützt die fruchtbare Inselmitte vor der Bora.

Sehenswert

Die noch fast ganz ummauerte 01 **Krk-Stadt** ▶TOPZIEL war über Jahrhunderte hinweg Sitz des kroatischen Fürstengeschlechts der Frankopanen. Das mächtige Kastell auf dem Kamplin genannten Platz oberhalb der Altstadt errichteten die Frankopanen Ende des 12. Jhs. (Mo. bis Sa. 9.00–14.00 Uhr). Durch die engen Gassen bergab in Richtung Meer passiert man die im 12. Jh. erbaute Kathedrale und deren benachbarte romanische Kirche Sv. Kvirin, die heute als Museum und Zugang zur Kathedrale dient (tgl. 9.30–13.00 Uhr). An der Vela Placa sind das Rathaus mit einer 24-Stunden-Uhr (16. Jh.) und der Brunnen sehenswert. Von dem gotischen Haus mit dem Café Volsonis blieben noch die römischen Fundamente erhalten.

Vrbnik (Insel Krk): Vostung in der Vinarija Nada

Der Ferienort 02 **Punat** an der beliebten Krker Bucht ist ein hübsches Städtchen. Attraktiv sind die Strände sowie die große Marina. Taxiboote setzen zur **Insel Košljun** über, auf der Mönche seit dem 12. Jh. kostbare Dokumente hüten. Neben der Bibliothek ist auch der bezaubernde botanische Garten sehenswert (Mo.–Sa. 9.30 bis 18.00, So. 10.30–12.30 Uhr).

Wer einsame Strandbuchten sucht, wird 10 km südl. in und um 03 **Stara Baška** fündig. Dort bietet Diving with Friends Tauchkurse und Exkursionen in die glasklaren Gewässer um Krk an (www. euro-divers.com).

Der Ferienort 04 **Baška** weiter östlich besetzt mit Hotels und Ferienhäusern eine von Bergen geschützte Bucht mit Feinkiesstrand und zahlreichen Wanderwegen. Hübsch ist der kleine, historische Kern, besuchenswert die Kirche Sv. Lucija im nahen Jurandvor.

Wein und Glagolica sind die Markenzeichen der auf einem Felsplateau über der Ostküste thronenden Stadt 05 **Vrbnik**. An vielen Häusern wie an der Pfarrkirche Sv. Antuna blieben Glagolica-Inschriften erhalten. In einem der vielen Weinläden sollten Sie den frischen Weißwein Vrbniška Žlahtina verkosten! Zu einem Ausflug in die Unterwelt lädt die **Tropfsteinhöhle Biserujka**, 20 km nach Norden, mit mehreren Sälen (Juli/Aug. tgl. 9.00–18.00, Mai, Juni, Sept. tgl. 9.00–17.00, April, Okt. tgl. 10.00–15.00 Uhr, www.spilja-biserujka.com.hr).

Bars, Restaurants

Ein Klassiker in Krk-Stadt ist das €€**Frankopan** neben der Quirinskirche – gute, gediegene Küche in Altstadtkulisse (Trg sv. Kvirina 1, Tel. 051 22 14 37). Jugoslawisches Fastfood – Čevapčići in einer Semmel – serviert die €**Čevapdžinica Bosna** (Frankopanska 9). Abends sitzt man in der **Cocktail-Bar Volsonis** (Vela Placa) oder in der **Casa del Padrone** (Šet. Sv. Berbardina).

Etwas abseits vom Rummel speist man in der Altstadt von Baška bei €€**Kod Frge** preiswert und exzellent (V. Nazora 15, Tel. 051 84 40 76). Bei €€**Nada** in Vrbnik stimmen Küche, Service und Wein, denn er kommt aus der hauseigenen Kellerei (Glavaca 22, Tel. 051 85 70 65, www. nada-vrbnik.hr).

Hotels

Junge Leute fühlen sich in Krk-Stadt im €**Hostel Krk** wohl (KDr. Dinka Vitezića 32, Tel. 051 22 02 12, www.hostel-krk.hr). Komfortabel kommt man im €€**Koralj Romantic Hotel** am Meer unter (Vlade Tomašića, Tel. 051 65 54 00, www. valamar.com) oder im €€€**Hotel Marina** am alten Hafen (Obala Hrvatske mornarice 8, Tel. 051 22 11 28, http://hotelmarina.hr).

Ein angenehmes Hotel am Strand von Baška ist das €€ **Zvonimir** (Emina Geistlicha 39, Tel. 051 65 68 10, https://hotelibaska.hr).

Krk-Stadt: trg Kamplin, einer der ältesten Plätze

Information

TZ Krk, Obala hrvatske mornarice bb, Tel. 051 22 02 26, www.tz-krk.hr

06 – 11 INSEL CRES

Das lang gezogene, dabei nur wenige Kilometer breite Cres (2100 Ew.) hat als einzige Kvarner Insel mit dem Vrana-See ein natürliches Süßwasserreservoir.

Sehenswert

Schmale Häuser und eine Renaissanceloggia rahmen das Hafenbecken von 06 **Cres-Stadt** ein. Das ruhige Örtchen mit einigen Cafés und Restaurants schmückt sich mit dem Kloster Sv. Frane (14. Jh.). Dessen doppelter Kreuzgang mit buntem Garten lohnt unbedingt einen Besuch (Sommer Mo.–Sa. 10.00–12.00, 17.00 bis 19.00 Uhr).

Hauptort der Tramuntana nordwestlich von Cres-Stadt ist das 20 km entfernte 07 **Beli**. Zahlreiche Wanderwege führen durch die von Flaumeichen und Hainbuchen geprägte Landschaft. Im Öko-Centrum Caput Insulae ist eine Ausstellung zu Natur und Traditionen zu besichtigen (unregelmäßige Öffnungszeiten). Der Strand 130 m unterhalb des Ortes zählt zu den malerischsten des Archipels.

Auch die Bucht von 08 **Valun**, 15 km südwestlich von Cres-Stadt, lädt mit Kiesbuchten zum Sprung ins klare Nass. In der Kirche des Ortes wird eine Tafel mit glagolitischen Inschriften (11. Jh.) aufbewahrt.

Infos

Fischmarkt in einer schönen Halle direkt am Hafenbecken von Mali Lošinj auf der Insel Lošinj

Nach **09** **Lubenice** (südwestl. von Valun) mäandert die schmale Straße zwischen Bruchsteinmauern bergauf. Vom Bergplateau aus eröffnen sich herrliche Berg- und Meerpanoramen. Eine Ausstellung in der ehemaligen Schule widmet sich dem Thema Schafzucht (in der Saison tgl. 9.00–18.00 Uhr).

Die Stadt **10** **Osor** am Isthmus zwischen Cres und Lošinj wurde im 17. Jh. nach Malariaepidemien aufgegeben. Heute leben hier nur noch rund 80 Einwohner. Loggia, Kathedrale und Bischofspalast aus dem 14.–16. Jh. sind Zeugen der großen Ära; moderne Skulpturen rund um das Thema Musik, darunter von Kroatiens berühmtem Bildhauer Ivan Meštrović (1895 bis 1981), stehen für die Bedeutung der „Musikabende" im Sommer.

Restaurants

Brodet mit Polenta ist eine der Spezialitäten, die in der €€ **Konoba Busola** in Cres-Stadt vorzüglich munden (Pod urom 20, Mobil-Tel. 095 87 94 487). In Valun speist man mit Blick auf die Bucht in der €€ **Gostionica na moru** (Valun 56, Tel. 0051 52 50 56). In der € **Konoba Hibernica** in Lubenice gelingt vor allem Lamm wunderbar (Tel. 051 84 04 22).

Die €€ **Konoba Bonifačić** in Osor zeichnet sich durch leckere Küche und aufmerksame Bedienung aus (Osor 64, Tel. 051 23 74 13).

Camping, Pension

Auf der Insel Cres übernachten die meisten Gäste auf Campingplätzen. €**Camping Slatina** in **11** **Martinšćica** ist ein besonders komfortabler, in Grün eingebetteter Platz (Tel. 51 574 127, www.camp-slatina.com).

In Beli empfiehlt sich die €€**Pansion Tramuntana**, deren Eigentümer viel über die Insel zu erzählen wissen (Tel 051 84 05 19, www.beli tramuntana.com).

Information

TZ Cres, Cons 10, Tel. 051 57 15 35, www.tzg-cres.hr

12 – 16 INSEL LOŠINJ

Lošinj (7000 Ew.) wäre ähnlich karg wie Cres, wäre es Ende des 19. Jhs. nicht aufgeforstet worden. Die beiden Inselstädte Mali und Veli Lošinj bilden das urbane Zentrum der Insel.

Sehenswert/Museum

Der kleine Ort **12** **Mali Lošinj** an einer schmalen, tiefen Bucht ist touristischer Mittelpunkt der Insel mit vielen Cafés, Restaurants und dem bei Bootsfahrern beliebten Hafenbecken.

Nur 4 km nach Südosten sind es in den größeren Ort **13** **Veli Lošinj**, dessen Hafen von der Kirche Sv. Antun bewacht wird. Wohlhabende Kapitäne statteten sie mit kostbaren Gemälden aus. Im ehemaligen Wachtturm Kula residiert ein Schiffahrtsmuseum (Mitte Juni bis Mitte Sept. Di.–So. 10.00–13.00, 16.00–22.00 Uhr, sonst kürzere Öffnungszeiten).

Rund 4 km nach Westen liegen mit **14** **Čikat** und **15** **Sunčana Uvala** die schönsten Badebuchten in dichtem Piniengrün. Hier stehen noch mehrere historische Villen aus der Blütezeit des Kurtourismus; mit dem Windsurf-Pionier Elmar Vogel kann man in der Čikat-Bucht windsurfen, im Kajak paddeln oder katsegeln sowie radfahren (www.sunbird.de).

Rund 17 km weiter nördlich in Richtung Osor erreichen Sie **16** **Nerezine**, in dem heute noch die traditionellen *brigatini* (allerdings mit Motor ausgestattet) gebaut werden.

Restaurants

Wie in alten Zeiten fühlt man sich in Mali Lošinj in der rustikalen €€**Konoba Dišpet** (Sv. Martin 10, Mobil-Tel. 091 56 91 955). Kreative, italienisch gefärbte Küche serviert Marco Sasso in der €€€**Bora Bar** an der Rovenska-Bucht (Rovenska 3, Tel. 051 86 75 44, www.borabar.net).

Hotels

Preiswert kommt man in der ruhigen €**Villa San** in Veli Lošinj unter (Garina, Tel. 051 23 60 16, www.villa-san.com).

Ein Wellnesspalast im Pinienwald und mit Blick über die Čikat-Bucht ist das €€€**Aurora** mit schicker Einrichtung, Traum-Spa und feiner Kräuterküche (Sunčana uvala 4, Tel. 051 66 72 00, www.losinj-hotels.com).

Information

TZ, Riva lošinjskih kapetana 29, Tel. 051 23 18 84, www-tz-malilosinj.hr

17 – 18 INSEL RAB

Wie Krk zeigt auch Rab (10 000 Einw.) dem Festland seinen kargen Rücken. Dabei ist es das grünste und fruchtbarste Eiland des Archipels.

Sehenswert

Illyrer und Römer nannten die Insel „Rab Arba" (die Dunkle, wegen ihrer dichten Wälder) und die heutige Insel-Kapitale **17** **Rab-Stadt** ▶**TOP-ZIEL** „Arba felix" (glückliches Arba), wegen ihres malerischen Aussehens, mit dem sich nur wenige Adriastädte messen können. Vom eleganten, zum Meer hin geöffneten Hauptplatz Trg Municipium Arbae führen Treppengassen zur höchsten Gasse Gornja Ulica, in der vor

Tipp

Wasser für die Römer

Dass **20** **Novalja** auf der Insel Pag bereits in römischer Zeit besiedelt war, belegen zahlreiche Funde. Ein sensationelles Relikt hütet das Museum von Novalja, den Zugang zu einer 60 cm breiten und gut 1 km langen unterirdischen Wasserleitung (Abb. oben). Neun Lüftungsöffnungen und das Gefälle von der rund 50 m hoch gelegenen Quelle sorgten für stetigen Wasserfluss. Besucher dürfen die Leitung ein paar Schritte weit begehen.

Gradski muzej, Ul. kralja Zvonimira 27, http://muzej.novalja.hr, Juni–Sept. Mo. bis Sa. 9.00–13.00, 18.00–22.00, So. nur 18.00–22.00 Uhr

allem die Fassade der im 12. Jh. errichteten Kathedrale Beachtung verdient. Weitere Gotteshäuser wie Sv. Andrije mit romanischem Glockenturm und Sv. Križa, das als Lapidarium dient, säumen sie. Von der Festung Sv. Kristfora eröffnet sich Rabs berühmte Fotoperspektive mit den vier Türmen.

Die **18** **Halbinsel Lopar** 12 km weiter gen Nordwesten ist von – nur zu Fuß zugänglichen – Sand- und Kiesbuchten gesäumt, die vor allem von FKK-Anhängern besucht werden.

Restaurant/Hotel

Spezialität der €€ **Konoba Rab** (Kneza Branimira 3, Tel. 051 72 56 66) sind Grillgerichte. Feine Mittelmeerküche serviert das Restaurant des €€€ **Hotels Arbiana**, das in einer historischen Villa residiert und sich als Übernachtungsmöglichkeit empfiehlt (Obala Kralja P. Krešimira 12, Tel. 051 77 59 00).

Information

TZ Rab, Trg Municipium Arba 8, Tel. 051 771111, www.rab-visit.com

19 – 21 INSEL PAG

Spitzen und Käse sind Pags Spezialitäten; dazu kommen die heißesten Partystrände der Region.

Sehenswert

Mittelpunkt der im 15. Jh. gegründeten Inselhauptstadt **19** **Pag-Stadt** ist die Kathedrale Sv. Marija mit ihrer eleganten Renaissancerosette, die als Vorbild für eines der Spitzenmuster gilt. Beim Bummel durch die Gassen sieht man ältere Damen vor ihren Häusern sitzen und an den kostbaren Spitzen arbeiten. Am Stadtrand erinnert die alte Marienkirche oberhalb der Salinen an die zerstörte Vorgängersiedlung, die die Menschen im 15. Jh. verlassen mussten.

20 **Novalja**, 27 km nach Nordwesten, ist ein von zwei schönen Stränden gesäumter Badeort. Weiter nach Norden fahrend wechselt die Szenerie auf der **21** **Halbinsel Lun** ins Unwirkliche: Gebeugte, uralte Olivenbäume, frei weidende Schafe und Felsbuchten schaffen eine fantastische Kulisse.

Restaurant/Hotel

Die Kräuteraromen der Insel verleihen der Küche des Restaurants im €€€ **Hotel Boškinac** einen einzigartigen Geschmack. Auch die Übernachtung in diesem friedlichen Ambiente ist unbedingt zu empfehlen (Novaljsko polje, Tel. 053 66 35 00, www.boskinac.com).

Information

TZ Pag, Od Špitala 2, Tel. 053 61 12 86, www.tzpag.hr

DuMont Aktiv

Boot & Bike

Früher befuhren die schnittigen Segler aus der Lošinjer Werft in Nerezine den Atlantik; heute tuckern ihre modernen Nachbauten zwischen den Kvarner Inseln und laden Passagiere und Fahrräder an den schönsten Buchten ab.

Sportliche Herausforderung und Erholung – diese beiden Pole verbindet ein kombinierter Schiffs- und Radtörn. Voraussetzung ist eine gute Kondition, denn die Inseln sind gebirgig. Dafür sind die Teilnehmer ganz nahe dran an den Inseln. Weder das Anhalten an Aussichtspunkten, der erfrischende Stopp für einen Sprung ins Meer noch die Picknickpause in der sommerlichen Blütenwiese bereiten Parkplatzprobleme.

Mit dem Rad huckepack auf dem Boot

Abends ankern die Schiffe am Hafenbecken. Beim gemeinsamen Essen an Deck vor der Kulisse der sich im Wasser spiegelnden Häuser wird's romantisch. Leute bummeln vorbei, und nicht selten entspannt sich ein nettes Gespräch. Der Kontakt zu den Kroaten ist hier ohnehin intensiv, denn man lebt schließich auf Tuchfühlung mit der Mannschaft. Am Morgen werden dann die Anker wieder gelichtet, und das Schiff steuert das nächste Ziel an – Zeit, sich in die Sonne zu legen und die Traumküste an sich vorbeiziehen zu lassen. Bis es erneut heißt: Auf die Räder!

Gleich geht's los!

RADREISEN ...

... in Kombination mit Bootstouren bieten verschiedene Veranstalter an, etwa:

Katarina Line
V. Spiničića 13
Tel. 051 60 30 40
www.katarina-line.com

Service

Kamp Glavotok an der Westküste der Insel Krk

ANREISE

Mit dem Auto: Von Deutschland und Österreich aus erreichen Sie Istrien über die Tauernautobahn und den Karawankentunnel. In Slowenien schließt die A1 über Ljubljana nach Koper an. Von dort gelangen Sie auf Regionalstraßen zu den Grenzübergängen Kaštel oder Sečovlje und in den kroatischen Teil Istriens. Reisende in Richtung Rijeka biegen bei Postojna von der A1 ab und fahren auf Landstraßen bis zum Grenzübergang Rupa. Auf kroatischer Seite ist die Verbindung ans Meer als Autobahn ausgebaut.

Mit der Bahn: Bahnverbindungen bestehen von Süddeutschland und Mittelösterreich aus nach Ljubljana, dort umsteigen in Richtung Koper oder Rijeka (www.bahn.de). Von Wien aus ist ein mehrmaliges Umsteigen erforderlich (www.oebb.at).

Mit dem Bus: Fernbusse fahren in der Saison u.a. Poreč, Rovinj, Rijeka und Senj an (z.B. www.eurolines.de). Von Wien aus erreichen Sie die Badeorte u.a. mit dem Busservice Adria (www.busserviceadria.at).

Mit dem Flugzeug: Im Sommerhalbjahr fliegen Chartermaschinen von u.a. TuiFly (www.tuifly.com), Germanwings (www.germanwings.com) oder Ryanair (www.ryanair.com) Pula und Rijeka an. Mit Air Dolomiti erreichen Sie den Flughafen Triest (www.airdolomiti.de).

Reisedaten

Istrien/Kvarner Bucht

Flug von Deutschland
Frankfurt/M. – Pula ab 100 €
Inlandsverkehr
Busfahrt Poreč – Pula ca. 6 €
Reisepapiere
Personalausweis oder Reisepass
Devisen
Euro (Slowenien) und Kuna (Kroatien)
Mietwagen
ab 40 Euro pro Tag (unbegrenzte Kilometer, Versicherung)
Benzin
1 Liter Super ca. 1,40 €
Hotel
DZ / Frühstück: Luxuskat. ab 250 €, Mittelklasse 70–150 €
Ferienhaus
ab 400 € pro Woche
Menü à la carte
3 Gänge mit Wein pro Person ab 25 €
Einfaches Essen
Sandwich ca. 3 €
Ortszeit
MEZ / MSZ

AUSKUNFT

Internet: www.slovenia.info, www.slovenskaistra.si, www.croatia.hr, www.istra.hr, www.kvarner.hr, www.istrien7.com

Deutschland: Kroatische Zentrale für Tourismus, Stephanstr. 13, 60313 Frankfurt, Tel. 069 2 38 53 50

Österreich: Liechtensteinstr. 22a, 1090 Wien, Tel. 01 5 85 38 84

Schweiz: Seestr. 160, 8002 Zürich, Tel. 04 33 36 20 30

AUTO FAHREN

Das **Tempolimit** auf Autobahnen beträgt 130 km/h, auf Schnellstraßen 110 km/h, auf Landstraßen 90 km/h, innerorts 50 km/h. In Slowenien muss immer, auch tagsüber, mit **Abblendlicht** gefahren werden, in Kroatien gilt diese Bestimmung nur für das Winterhalbjahr. Telefonieren ist nur mit einer **Freisprechanlage** oder Kopfhörern erlaubt. Vorgeschrieben sind **Warndreieck** und **Warnwesten** für alle Insassen, die im Falle einer Panne beim Verlassen des Fahrzeugs angelegt werden müssen; die **Promillegrenze** beträgt 0,5. Zwischen Mitte November und Mitte März sind in Slowenien auf allen Straßen, in Kroatien auf speziell gekennzeichneten Strecken **Winterreifen** Pflicht.

Mietwagen: Die günstigsten Angebote für die jeweilige Reisezeit und die entsprechende Region findet man auf www.autoeurope.de.

BAHN UND BUS

Die einzige inneristrische Bahn fährt von Divača über Buzet nach Pula. Die Busverbindungen zwischen den Orten Istriens und des Kvarners hingegen sind sehr gut; Informationen und Fahrpläne erhalten Sie bei den Tourismusinformationen, an den Bushaltestellen oder im Internet unter www.ap-ljubljana.si (Slowenien) und www.buscroatia.com (Kroatien).

CAMPING

Unter www.camping.hr finden Sie eine Auflistung aller kroatischen Plätze.

ESSEN UND TRINKEN

Speisen: Hier treffen slawische, österreichische und italienische Kochtraditionen aufeinander. Das Ergebnis ist eine sehr vielseitige Küche auf der Basis frischer Naturprodukte, in der Fisch und Meeresfrüchte dominieren. Saisonale Spezialitäten bereichern sie: Im Frühjahr verleiht der wilde Spargel mit seinem leicht bitteren Geschmack Gerichten wie der *fritaja*, dem mit vielerlei Zutaten zubereiteten Omelett, Frische. Im Herbst veredeln nicht nur weiße oder schwarze Trüffel, sondern auch Steinpilze Nudel- und Fleischgerichte. In der Kvarner Region werden dann auch Edelkastanien geerntet und etwa zu Maronenkuchen verarbeitet. Beilagen sind meist Salat und Brot, ein feines Risotto oder aber *blitva*, Mangold, mit Kartoffeln und Knoblauch. Auf der beliebten Vorspeisenplatte findet man neben eingelegten Oliven, Kapern und Pepperoni verschiedene Schinken- und Wurstsorten: *pršut*, luftgetrockneter Schinken, *pančeta*, feiner, hauchdünn aufgeschnittener Schinkenspeck, und Salami, die übrigens aus Boškarin-Fleisch bestehen kann: Die autochthone Rinderrasse war nahezu ausgestorben, als Feinschmecker den besonderen, leicht an Wild erinnernden Geschmack ihres Fleisches entdeckten. Nun werden Boškarin-Rinder wieder gezüchtet. Das Käseangebot ist nicht so breit gefächert, aber Schafskäse von der Insel Pag, *paški sir*, ist fast immer dabei.
Bei den Desserts verlässt die Köche häufig die Fantasie. Klassiker sind *Palačinke*, Schokoladenpfannkuchen, und Eis.

Getränke: Istriens Weine werden gerade erst entdeckt, und es lohnt sich! Weißer Malvazija und roter Teran und Refošk, die autochthonen Reben von der Halbinsel, sind ideale Begleiter zu Fisch und Fleisch. Beim Bier, *pivo*, beherrschen die Marken Karlovačko und Ožujsko den Markt; aus Istriens einziger Privatbrauerei kommt das süffige San Servolo. Mineralwasser, *mineralna voda*, bekommen Sie still oder mit Kohlensäure von verschiedenen Abfüllern.

Essenszeiten: In den touristischen Regionen können Sie nahezu den ganzen Tag essen gehen. Das Mittagessen, das viele relativ früh, also schon ab 11.30 Uhr einnehmen, heißt *marenda* und ist zugleich ein spätes Frühstück, denn die meisten trinken morgens nur einen Kaffee und essen ein Hörnchen. Im Sommer geht man etwas später zum Abendessen, die Restaurants füllen sich erst ab 20.00 Uhr.

FEIERTAGE UND FESTE

Feiertage:
1. Jan. Neujahr
6. Jan. Hl. Drei Könige (Kroat.)
8. Feb. Tag der Kultur (Slow.)
27. April Tag des Widerstands (Slow.)
1. Mai Tag der Arbeit (Slow. auch 2. Mai)
22. Juni Tag des antifaschistischen Widerstands (Kroat.)
25. Juni Nationalfeiertag (Slow.)
5. Aug. Tag des Siegs und der Dankbarkeit (Kroat.)
15. Aug. Mariä Himmelfahrt
8. Okt. Unabhängigkeitstag (Kroat.)
31. Okt. Reformationstag (Slow.)
1. Nov. Allerheiligen
25. Dez. Weihnachten
26. Dez. Weihnachten (Kroat.), Unabhängigkeitstag (Slow.)

Feste:
Februar/März:
Karneval, in Rijeka und Opatija sind furchterregende *zvončari*, glockenschwingende Fellungeheuer, unterwegs
Mai:
Z armoniku v Roč: Roč ist Gastgeber eines Treffens von Triestina-Spielern aus ganz Europa
Juni:
Stadtfest in Hum anlässlich der traditionellen Bürgermeisterwahl.
Tage der Antike in Pula, Jules-Verne-Tage in Pazin. Festivals der Capesante (Jakobsmuscheln) in Novigrad und der Kirschernte in Lovran.
Juli:
Jakovlja, Fest des hl. Jakob (25.7.), mit feierlicher Prozession in Jadranovo bei Crikvenica. Im istrischen Kanfanar wird bei dieser Gelegenheit das schönste Boškarin-Rind prämiert. Beim Seasplash Festival steht Pula ganz im Zeichen von Reggae-Rhythmen.
Motovun Film Festival in Motovun.
Labin Art Republika (Juli/August): Künstler aller Genres – von der bildenden Kunst bis zur Musik – präsentieren ihre Arbeiten in der Altstadt
August:
Trka na prstenac: Im istrischen Barban wetteifern mit Lanzen bewehrte Reiter darum, in schnellem Ritt einen Ring zu treffen.
Die Delfintage auf Lošinj lenken durch Spiele und Aktionen den Fokus auf die Meeressäuger. Sommerkonzerte in der Basilika von Poreč (klassische Musik), Musikabende in Osor (Cres) mit zeitgenössischen Werken.
Street Art Festival in Rovinj.
September: Mala Gospa in Njivice auf Krk mit einer frommen Prozession zu Ehren Mariens. Slatka Istra in Koper mit landwirtschaftlichen Erzeugern aus ganz Istrien und ihren Produkten. Tage des istrischen Trüffels von September bis Ende November in vielen istrischen Gemeinden.
Oktober:
Marunada, Fest der Esskastanie, in Lovran. Punat auf Krk feiert die Tage der Olive mit Olivenernte und Ölverkostung.
November: Tag des hl. Maurus in Poreč (21.11.), zugleich Festival der Polenta.
Dezember: Festival des istrischen Malvazija in Brtonigla bei Poreč.

Fischplatte in der Konoba Šime (Krk-Stadt)

Geschichte

ab 1000 v. Chr.: Illyrische Volksgruppen (darunter die Histrier) siedeln in Istrien und der Kvarner Region in *castellieri* genannten, auf Hügelkuppen errichteten Wehrdörfern.
3.–1. Jh. v. Chr.: Römische Vorstöße auf Istrien; 178 v. Chr. wird die histrische Hauptstadt Nesaticum erobert. Unter Cäsar ab 58 v. Chr. systematische Kolonisierung.
4.–9. Jh.: Nach dem Ende des Römischen Reiches gehören Istrien und die Kvarner Region abwechselnd zu Byzanz und Westrom. Mit den Völkerwanderungen gelangen slawische Slowenen und Kroaten an die Adriaküste und gründen Fürstentümer. 812 fällt Istrien an das Frankenreich.
10.–13. Jh.: Inneristrien wird vom Patriarchat Aquilaeia verwaltet und de facto von Adelsgeschlechtern wie den Grafen von Görz geführt; an der Küste etabliert sich Venedig.
14.–18. Jh.: Durch Erbschaft gerät Inneristrien in die Einflusssphäre des Habsburger Reiches, während die Küstenstädte unter venezianischer Ägide eine Blüte von Wirtschaft und Kultur erleben. Zahlreiche Flüchtlinge aus den türkisch besetzten Gebieten der Balkanhalbinsel siedeln sich an.
18./19. Jh.: In den Kriegswirren während der napoleonischen Eroberungen fällt die Region abwechselnd an Habsburg, Frankreich, Italien und dann wieder an Habsburg. Das k.-u.-k.-Reich fördert wirtschaftlich und politisch die italienischstämmigen Bewohner.
1919: Durch den Vertrag von Saint Germain wird Istrien dem Königreich Italien zugeschlagen; die Kvarner Region dem Königreich der Serben, Kroaten und Slowenen.
1945–1991/92: Nach dem Zweiten Weltkrieg vertreiben Partisanen rund 200000 Italienischstämmige aus Istrien. Istrien und die Kvarner Region sind Teil der Föderativen Volksrepublik Jugoslawien. Mit der Unabhängigkeit Sloweniens im Jahr 1991 und Kroatiens ein Jahr später wird die Halbinsel geteilt. Erster Präsident: Franjo Tuđman (1922–1999).
1991–1995: Der kroatische Unabhängigkeitskrieg berührt Istrien und die Kvarner Region nicht.
Bis 2013: Wechselnde Regierungen können die wirtschaftlichen Probleme nicht lösen. Die enge Verflechtung von Politik, Wirtschaft und Justiz verhindert dringend fällige Reformen. 2010 wird der ehemalige Regierungschef Ivo Sanader wegen Korruption verhaftet. Der erstrebte EU-Beitritt verzögert sich mehrmals wegen der Weigerung Kroatiens, Kriegsverbrecher aus dem Jugoslawienkrieg auszuliefern.
2013/14: Kroatiens EU-Beitritt zum 1. Juli 2013 wird von den Kroaten mit Skepsis betrachtet. 2014 reicht man Klage gegen das Nachbarland Serbien vor dem Internationalen Gerichtshof in Den Haag ein, wegen Völkermords (Massaker von Srebrenica) während der Jugoslawienkriege.

FREIZEITPARKS

Zwei funkelnagelneue Aquaparks bieten Familien an heißen Tagen Unterhaltung auf Riesenrutschen, in Pools und diversen anderen Attraktionen: **Istralandia** bei Novigrad (Brtonigla, Mobil-Tel. 098 24 91 19, www.istralandia.hr, Juni–Okt.) und **Aquacolors** bei Poreč (Morna-

Service

Im Aquapark Istralandia bei Novigrad

rica, Eröffnung Mai 2015). Spaß für jedes Alter bietet der **Dino-Park** bei Funtana (Istarska 16, Funtana, Mobil-Tel. 091 7 66 88 88, http://dino-park.hr, April–Okt.) mit beweglichen Dinos in Lebensgröße, Seemonstern, einem Piratenschiff sowie Shop und Restaurant.

GELD

Währung in Slowenien ist der **Euro**. In Kroatien bezahlen Sie mit **Kuna** zu je 100 Lipa (1 Kn = 0,13 €), doch vielerorts werden im Notfall auch Euro akzeptiert. An Geldautomaten können Sie in allen größeren Orten Geld abheben (Gebühren beachten).

GESUNDHEIT

Besondere gesundheitliche Risiken bestehen nicht. Ins Reisegepäck gehören **wasserfester Sonnenschutz** und **Badeschuhe** wegen der scharfkantigen Felsen und der Seeigel. In allen Fremdenverkehrsorten finden Sie deutschsprachige Ärzte, gut ausgestattete Kliniken und Ambulanzen. **Dialysezentren** befinden sich u. a. in Rovinj, Medulin, Labin und Opatija.

HOTELS

In allen Ferienorten an der Küste Istriens, des Kvarner Golfs und auf den Inseln findet man **Hotelzonen** mit komfortablen, in den letzten Jahren renovierten Unterkünften der Drei- bis Fünf-Sterne-Kategorie, die fast alle über deutsche Veranstalter pauschal gebucht werden können. Dazu gehören meist ein breites Sportangebot, Wellness-Center, teils auch ein Privatstrand (obwohl in Kroatien offiziell nicht zugelassen). In einigen Städten haben sich feine **Stadthotels** etabliert, teils in historischen Anwesen und meist nur mit wenigen, exquisit möblierten Gästezimmern. Ähnliche, individuelle und zumeist privat geführte Unterkünfte gibt es auch im Hinterland. Viele Privathoteliers bewerben ihre Häuser mit dem Gütesiegel Domus Bonus in einer eigenen Broschüre (Download unter www.istra.com).

Urlaub in Ferienhäusern wie den traditionellen *stancije* (Landgüter) oder auf dem Bauernhof (agroturizam) wird immer beliebter. Unter den zahlreichen Vermietern solcher Objekte sowie unter den vielen Privathotels hat **Istrien Pur** eine qualitätsvolle Auswahl getroffen (Brigitte Müller, Tel. 052 68 15 18, www.istrien-pur.com).

Tips für die Unterkunft finden Sie auf den jeweiligen Infoseiten.

Preiskategorien

€€€€	Doppelzimmer	über 250 €
€€€	Doppelzimmer	150–250 €
€€	Doppelzimmer	70–150 €
€	Doppelzimmer	bis 70 €

(Hauptsaison, in der Nebensaison deutlicher Preisnachlass)

JUGENDHERBERGEN

Während sich die staatlichen Jugendherbergen durch spartanische Ausstattung hervortun, schaffen die wie Pilze aus dem Boden sprießenden, privaten Hostels eine bunte, entspannte Travelleratmosphäre. Zu buchen sind sie über Plattformen wie http://de.hostelbookers.com.

KINDER

Slowenen und Kroaten sind sehr kinderfreundlich; in den Restaurants bekommt man Kinderteller, auch Extrawünsche werden erfüllt. Viele Hotelanlagen betreuen Kinder in speziellen Mini-Clubs, sogar das Tauchen können Ältere dabei lernen. Am Strand sollten Sie Eimerchen und Käscher dabeihaben – das Stöbern in Felsspalten und Gumpen macht ebensoviel Spaß wie das Sandburgenbauen.

ÖFFNUNGSZEITEN

Banken sind in der Regel werktags von 8.00 bis 16.00 geöffnet, **Postämter** von 7.00 bis 19.00 Uhr; kleinere Filialen schließen früher oder machen eine Mittagspause. In Fremdenverkehrsorten sind Postämter häufig auch Samstag und Sonntag besetzt. **Große Supermärkte** sind täglich von 8.00 bis 20.00, **Geschäfte** in den Zentren der Touristenorte von 9.00 bis 20.00 Uhr geöffnet, während **kleinere Läden** abseits des Ferienrummels früher schließen und sonntags nicht öffnen.

Daten und Fakten

Geografische Lage: Die Halbinsel Istrien zwischen dem Golf von Triest und dem Kvarner Golf ist politisch dreigeteilt: Ein Abschnitt um das Städtchen Muggia gehört zu Italien, ein weiterer kleiner Teil mit 46,6 km Küstenlänge zu Slowenien, der große Rest zu Kroatien. Die Halbinsel geht am Kvarner Golf in mediterranes Küstenland mit mehreren großen Inseln – Cres, Lošinj, Krk, Rab und Pag – sowie zahlreichen kleineren Eilanden über. Verwaltungstechnisch ist die Region in die beiden Županije (Gespanschaften) Istra und Primorje-Gorski kotar unterteilt.

Bevölkerung: Rund 570 000 Menschen leben insgesamt in der Region; die meisten sind slowenischer bzw. kroatischer Herkunft. Etwa 7 % der Istrer gehören der italienischen Minderheit an. Die große Mehrheit ist katholisch.

Wirtschaft: Istrien und die Kvarner Region sind landwirtschaftlich geprägt. Industrie gibt es nur in den Hafenstädten Koper, Pula und Rijeka. Einen wichtigen Beitrag leistet der Tourismus. Die Arbeitslosenquote, die in Gesamtkroatien um die 18 % beträgt, liegt in der Region mit 8–10 % deutlich niedriger.

Naturraum: Karstgestein ist das prägende Element. Die Inseln entstanden durch Überflutung von Küstengebirgen nach dem Ende der letzten Eiszeit. Fast alle wenden dem Festland nackten Fels zu; das Inselinnere hingegen ist meist sehr üppig bewachsen. Das gebirgige Istrien unterteilt man in ein „rotes" Istrien (die westliche Küste und das Hinterland) mit fruchtbarer Terra Rossa, das „graue" Zentralistrien mit Flysch- und Lehmböden sowie den „weißen", von Kalkstein gekennzeichneten Osten. Mediterrane Vegetation, Weingärten und Olivenhaine bestimmen das Landschaftsbild.

Rad fahren auf der Insel Pag mit herrlichem Blick auf den Kvarner Golf

RAD FAHREN

Ganz gleich ob sportlich-herausfordernd oder entspannt – Istrien und Kvarner sind ein ideales und sehr vielseitiges Terrain für Radfahrer. Genussradler finden entlang der istrischen Westküste und auf der Insel Lošinj weitgehend flach verlaufende, gut markierte Wege; das istrische Landesinnere und auch die meisten Inseln bieten hingegen mit anspruchsvollen Steigungen auch sportlichen Fahrern jede Menge Herausforderungen. Dabei kommen sowohl Rennradler als auch Mountainbike-Fahrer auf ihre Kosten – letztere vor allem auf der Parenzana, der ehemaligen Trasse einer Schmalspurbahn (siehe DuMont Aktiv S. 55). Das Internetportal www.istra-bike.com informiert über Radstrecken in Istrien; ausgewählte Touren im Kvarner findet man auf www.kvarner.hr.

REISEZEIT

Wer es einrichten kann, sollte Juli und August besser meiden. Hohe Preise und volle Strände schmälern das Urlaubsvergnügen. Juni und September sind ideal, wenn man baden möchte, Frühjahr und Herbst empfehlen sich mit angenehm-warmen Temperaturen für Aktiv- und Kulturreisende; allerdings sollten Sie mit gelegentlichen Regentagen rechnen. Selbst in den Wintermonaten ist die Region besuchenswert; richtigen Frost gibt es selten, und mit etwas Glück spaziert man bei Sonne und milden 10°C die Meerespromenaden entlang, während es zuhause schneit. Die Wintermonate sind ideal für Wellnessaufenthalte, etwa auf Lošinj oder in Opatija. Einzig der kalte Nordostwind Bora kann dabei stören.

RESTAURANTS

Das Speisenangebot der meisten **Restaurants** ist relativ ähnlich, auch beim Preisniveau gibt es nur geringe Schwankungen. Eine Ausnahme machen die immer zahlreicher werdenden Gourmetrestaurants, deren Preise deutlich darüber liegen. **Konobas**, ursprünglich rustikale Weinlokale, haben sich auf eher einfache, traditionelle Küche spezialisiert. Vegetarische oder gar vegane Gerichte bekommen Sie kaum.

Restauranttips finden Sie auf den jeweiligen Infoseiten.

Preiskategorien

€€€€	Hauptspeisen	über 20 €
€€€	Hauptspeisen	15–20 €
€€	Hauptspeisen	10–15 €
€	Hauptspeisen	bis 10 €

SCHIFFFAHRTEN

Fährverbindung zu und zwischen den Kvarner Inseln unterhält bis auf zwei Ausnahmen die staatliche kroatische Reederei Jadrolinija; Fahrpläne und Preise finden sich auf www.jadrolinija.hr. Die Strecke Stinica (Festland) – Mišnjak (Rab) bedient Rapska plovidba (www.rapska-plovidba.hr). Von Valbiska (Krk) nach Lopar (Rab) fährt LNP (http://lnp.hr). Vor allem in der Hochsaison sollte man sich zeitig vor der Abfahrt am Hafen einfinden; gelegentlich kommt es zu stundenlangen Wartezeiten. Von vielen Orten an der istrischen Küste werden **Tagesfahrten** nach Venedig angeboten. Veranstalter ist Venezia Lines (www.venezialines.com).

SOUVENIRS

Die nachhaltigsten Souvenirs sind Naturprodukte: **Fleur de Sel** aus den Salinen von Sečovlje, **Trüffelpaste**, feines **Olivenöl**, **Käse**, **Wein**. Da macht auch das Einkaufen (samt Verkostung) Spaß. Die auf den Souvenirmärkten und in den meisten Geschäften angebotenen Artikel sind dagegen meist minderwertig und stammen aus Fernost. Produkte aus eigener Herstellung wie etwa die traditionellen **Spitzendeckchen** von der Insel Pag sind relativ teuer, ebenso ein anderes typisches Souvenir, **Schmuck mit dem Rijeker Motiv des *morčić***, einem dunkelhäutigen Turbanträger. Es lohnt sich, in **Kunstgewerbeläden** und **Galerien** nach etwas Besonderem zu stöbern – viele Kreative verkaufen Schmuck, Skulpturen und Bilder von erstaunlicher Qualität. Als beste Adresse hierfür gilt Grožnjan. Nichts Traditionelles aber sehr mediterran ist das Sortiment der slowenisch-kroatischen Ladenkette Aqua mit zumeist in Weiß und Blau gehaltenen Shirts, Badetüchern, Taschen und Pantoletten. Filialen gibt es in jedem größeren Ort.

SPORT

Baden: An 70 Stränden von Istrien/Kvarner wehte zuletzt im Jahr 2014 die Blaue Flagge als Auszeichnung für besondere Sauberkeit. Das glasklare Meer macht Schwimmen zu einem Genuss, nur der Weg über Felsen ins Wasser bereitet gelegentlich Probleme. Viele Ferienorte schaffen Abhilfe, indem sie den Zugang betonieren; an Naturstränden sollten Sie besser Badeschuhe anziehen.
Golf: Mit nur drei Golfplätzen – im slowenischen Lipica, bei Savudrija und auf Veli Brijun – besteht durchaus noch Ausbaupotenzial. Neue Projekte werden entwickelt.
Klettern: Immer neue Areale für Freeclimber werden gesichert und ausgewiesen. Klassiker sind der Karstabbruch beim slowenischen Osp, der venezianische Steinbruch bei Rovinj und die Felswände am Limfjord. Informationen: www.climb-europe.com. Höhlenklettern können Interessierte in der Jama Baredine (Poreč) ausprobieren.
Tauchen: Taucher erwarten in den klaren Gewässern der Region zwei ganz besonders interessante Attraktionen: Die noch weitgehend unberührte und artenreiche Unterwasserwelt des Brijuni-Nationalparks sowie die Möglichkeit, Schiffswracks zu betauchen. Das berühm-

teste Wrack ist das des im Jahr 1914 vor Rovinj versenkten Passagierdampfers Baron Gautsch.
Wandern: Im Nationalpark Risnjak, im Naturpark Učka, aber auch auf den Eilanden erschließen gut unterhaltene Wege Waldlandschaften, Inselberge oder unberührte Küstenabschnitte. Vor allem um Punat auf Krk und auf Lošinj gibt es interessante Wandermöglichkeiten.
Wassersport: Bootfahren, Wind- und Kitesurfen, Kajak oder Wasserskilift fahren, Schnorcheln – an der Küste finden Aktive viele Möglichkeiten, sich sportlich zu betätigen. In den meisten Ferienorten gibt es einen Geräteverleih.

SPRACHE

In Slowenien wird Slowenisch, in Kroatien das damit verwandte Kroatisch gesprochen. Zudem beherrschen alle Küstenbewohner die italienische Sprache. In beiden Ländern verstehen zudem die meisten Angestellten der Tourismusbetriebe auch Deutsch; zur Not kann man sich in der Regel auch mit Englisch weiter behelfen.

Wetterdaten

Istrien (Pula)

	TAGES-TEMP. MAX.	NACHT-TEMP. MIN.	WASSER-TEMP.	TAGE MIT NIEDER-SCHLAG	SONNEN-STUNDEN PRO TAG
Januar	9°	2°	11°	7	3
Februar	10°	2°	11°	6	4
März	13°	5°	11°	7	6
April	16°	8°	13°	6	7
Mai	21°	12°	17°	7	9
Juni	25°	16°	21°	5	10
Juli	28°	18°	24°	4	11
August	28°	18°	24°	4	10
September	24°	15°	22°	5	8
Oktober	19°	11°	19°	7	6
November	14°	7°	16°	9	4
Dezember	10°	4°	13°	8	3

TELEFON/INTERNET

Mobiltelefone ersetzen in beiden Ländern die alten Festnetzanschlüsse – deshalb gibt es auch nicht mehr viele Telefonzellen (Telefonieren mit Karte, erhältlich bei der Post oder an Zeitungskiosken). Da Slowenien und Kroatien EU-Mitglieder sind, gelten von der EU festgelegte Höchstgrenzen für anfallende Kosten bei Telefonaten und SMS-Versand. Eventuell ist es günstiger, beim jeweiligen Provider einen Pauschaltarif für die Auslandsreise abzuschließen. Die Abdeckung mit **WiFi** ist fast überall gut; in vielen Städten können Sie sich kostenlos ins Netz einloggen. Die meisten Hotels bieten diesen Service ebenfalls (meist gebührenfrei) an.

ZOLLBESTIMMUNGEN

Für die Ein- und Ausfuhr von Gegenständen für den persönlichen Bedarf gelten die EU-Bestimmungen. Ausnahme: Die Einfuhr von Zigaretten aus Kroatien nach Deutschland, Österreich und in die Schweiz ist auf 300 Stück beschränkt.

Im Jachthafen von Mali Lošinj an der im Norden der Kvarner Bucht gelegenen Insel Lošinj

Register

Fette Ziffern verweisen auf Abbildungen

Impressum

1. Auflage 2015

Verlag: DuMont Reiseverlag, Postfach 3151, 73751 Ostfildern, Tel. 0711/4502-0, Fax 0711/4502-135, www.dumontreise.de
Geschäftsführer: Dr. Thomas Brinkmann, Dr. Stephanie Mair-Huydts
Programmleitung: Birgit Borowski
Redaktion: Robert Fischer (www.vrb-muenchen.de)
Text: Daniela Schetar und Friedrich Köthe
Exklusiv-Fotografie: Frank Heuer
Zusätzliches Bildmaterial: S. 91 u. Getty Images/Don Mason, 104, 105 u. 106 Santos Beach Club
Grafische Konzeption, Art Direktion: fpm factor product münchen
Layout: Stephanie Hugel
Kartografie: © MAIRDUMONT GmbH & Co. KG, Ostfildern
DuMont Bildarchiv: Marco-Polo-Straße 1, 73760 Ostfildern, Tel. 0711/4502-266, Fax 0711/4502-1006, bildarchiv@mairdumont.com

Für die Richtigkeit der in diesem DuMont Bildatlas angegebenen Daten – Adressen, Öffnungszeiten, Telefonnummern usw. – kann der Verlag keine Garantie übernehmen. Nachdruck, auch auszugsweise, nur mit vorheriger Genehmigung des Verlages. Erscheinungsweise: monatlich.

Anzeigenvermarktung: MAIRDUMONT MEDIA, Tel. 0711 450 23 33, Fax 0711 45 02 10 12, media@mairdumont.com, http://media.mairdumont.com
Vertrieb Zeitschriftenhandel: PARTNER Medienservices GmbH, Postfach 810420, 70521 Stuttgart, Tel. 0711 72 52-212, Fax 0711 72 52-320
Vertrieb Abonnement: Leserservice DuMont Bildatlas, Zenit Pressevertrieb GmbH, Postfach 810640, 70523 Stuttgart, Tel. 0180 572 72 52 265, Fax 0180 572 72 52 333, dumontreise@zenit-presse.de
Vertrieb Buchhandel und Einzelhefte: MAIRDUMONT GmbH & Co. KG, Marco-Polo-Straße 1, 73760 Ostfildern, Tel. 0711 45 02 0, Fax 0711 45 02 340
Reproduktionen: PPP Pre Print Partner GmbH & Co. KG, Köln
Druck und buchbinderische Verarbeitung: NEEF + STUMME premium printing GmbH & Co. KG, Wittingen, Printed in Germany

FSC
www.fsc.org
MIX
Papier aus verantwortungsvollen Quellen
FSC® C001857

Vorschau

Idyll bei Ahrenshoop: Die Landschaft an der schmalen Landbrücke zwischen Bodden und Ostsee lockte vor gut 100 Jahren Maler und Schriftsteller an.

OSTSEEKÜSTE
MECKLENBURG-VORPOMMERN

Die weiße Küste
Die schönsten Badeorte und wichtigsten Sehenswürdigkeiten zwischen Wismar und Usedom.

Die Ostsee im Blick
Radeln und Wandern an der Küste.

Bedrohtes Naturparadies
Zwei Nationalparks schützen Landschaft und Vogelwelt.

Sardinien hat beides: Luxuriöses Strandleben am Meer, aber auch eine eindrucksvolle unverbaute Küstenlandschaft.

SARDINIEN

Traumstrände ...
Mancher Strand, z.B. an der Costa Verde, ist noch ein Geheimtipp – die schönsten stellen wir vor.

Unterwegs mit dem Zug
Auf schmaler Spur quer über die Insel.

Rätsel um ein Volk
Etwa 7000 Nuraghen zeugen von einer Kultur, die die Insel nachhaltig prägte.

Lieferbare Ausgaben

DEUTSCHLAND
119 Allgäu
092 Altmühltal
105 Bayerischer Wald
120 Berlin
162 Bodensee
121 Brandenburg
056 Chiemgau, Berchtesg. Land
013 Dresden, Sächs. Schweiz
152 Eifel, Aachen
157 Elbe und Weser, Bremen
125 Erzgebirge, Vogtland
020 Frankfurt, Rhein-Main
059 Fränkische Schweiz
112 Freiburg, Basel, Colmar
028 Hamburg
026 Hannover zw. Harz u. Heide
042 Harz
062 Hunsrück, Naheland, Rheinhessen
023 Leipzig, Halle, Magdeburg
131 Lüneburger Heide, Wendland
066 Mainfranken
133 Mecklenburgische Seen
038 Mecklenburg-Vorpommern
033 Mosel
114 München
047 Münsterland
015 Nordseeküste Schleswig-Holstein
006 Oberbayern
161 Odenwald, Heidelberg
035 Osnabrücker Land, Emsland
002 Ostfriesland, Oldenb. Land
164 Ostseeküste Meck-Pomm
154 Ostseeküste Schleswig-Holstein
136 Pfalz
040 Rhein zw. Köln und Mainz
079 Rhön
116 Rügen, Usedom, Hiddensee
137 Ruhrgebiet
149 Saarland
080 Sachsen
081 Sachsen-Anhalt
117 Sauerland, Siegerland
159 Schwarzwald Norden
045 Schwarzwald Süden
018 Spreewald, Lausitz
008 Stuttgart, Schwäbische Alb
141 Sylt, Amrum, Föhr
142 Teutoburger Wald
102 Thüringen
143 Thüringer Wald
037 Weserbergland

BENELUX
156 Amsterdam
011 Flandern, Brüssel
070 Niederlande

FRANKREICH
055 Bretagne
021 Côte d'Azur
032 Elsass
009 Frankreich Süden Languedoc-Roussillon
019 Korsika
071 Normandie
001 Paris
115 Provence

GROSSBRITANNIEN/IRLAND
063 Irland
130 London
138 Schottland
030 Südengland

ITALIEN/MALTA/KROATIEN
017 Gardasee, Trentino
110 Golf von Neapel, Kampanien
163 Istrien, Kvarner Bucht
128 Italien, Norden
005 Kroatische Adriaküste
113 Malta
155 Oberitalienische Seen
158 Piemont, Turin
014 Rom
165 Sardinien
003 Sizilien
140 Südtirol
039 Toskana
091 Venedig, Venetien

GRIECHENLAND/ZYPERN/TÜRKEI
034 Istanbul
016 Kreta
090 Türkisches Mittelmeer
148 Zypern

MITTEL- UND OSTEUROPA
104 Baltikum
122 Bulgarien
094 Danzig, Ostsee, Masuren
101 Polen Süden, Breslau, Krakau
044 Prag
085 St. Petersburg
145 Tschechien
146 Ungarn

ÖSTERREICH/SCHWEIZ
129 Kärnten
004 Salzburger Land
139 Schweiz
088 Tessin
144 Tirol
147 Wien

SPANIEN/PORTUGAL
043 Algarve
093 Andalusien
150 Barcelona
108 Costa Brava
025 Gran Canaria, Fuerteventura, Lanzarote
065 Kanarische Inseln
124 Madeira
132 Mallorca
007 Spanien Norden
118 Teneriffa, La Palma, La Gomera , El Hierro

SKANDINAVIEN/NORDEUROPA
057 Dänemark
029 Island
099 Norwegen Norden
072 Norwegen Süden
151 Schweden Süden, Stockholm
153 Hurtigruten

LÄNDERÜBERGREIFENDE BÄNDE
123 Donau – Von der Quelle bis zur Mündung
112 Freiburg, Basel, Colmar

AUSSEREUROPÄISCHE ZIELE
010 Ägypten
053 Australien Osten, Sydney
109 Australien Süden, Westen
107 China
024 Dubai, Abu Dhabi, VAE
160 Florida
036 Indien
027 Israel
111 Kalifornien
031 Kanada Osten
064 Kanada Westen
022 Namibia
068 Neuseeland
041 New York
048 Südafrika
012 Thailand
046 Vietnam